이론에서 프로젝트 실무까지

디지털 사이니지의 모든 것

이론에서 프로젝트 실무까지

디지털 사이니지의 모든 것

초판 1쇄 인쇄 : 2025년 3월 13일
초판 1쇄 발행 : 2025년 3월 20일

지은이 : 정종균, ㈜시스메이트
교정 / 편집 : 송은진 / 김현미
표지 디자인 : 김보영
펴낸이 : 서지만
펴낸곳 : 하이비전

주소 : 서울시 동대문구 하정로 47(신설동) 정아빌딩 203호
전화 : 02)929-9313

신고번호 : 제 305-2013-000028호
신고일 : 2013년 9월 4일
주소 : 서울시 동대문구 하정로 47(정아빌딩 203호)
전화 : 02)929-9313
홈페이지 : hvs21.com
E-mail : hivi9313@naver.com

ISBN 979-11-89169-85-5(13320)

* 값 : 22,000원

이론에서 프로젝트 실무까지

디지털 사이니지의 모는 것

정종균 · ㈜시스메이트 공저

 하이비전

CONTENTS

Chapter 03 | 디지털 사이니지의 구성 요소

Chapter 05 　디지털 사이니지 프로젝트

제3부 디지털 사이니지의 현재와 미래

Chapter 06 디지털 사이니지 산업과 시장

들어가며

안녕하세요. 《디지털 사이니지의 모든 것》의 공저자인 ㈜시스메이트 대표이사 정종균입니다. 먼저 이 책을 선택해 주신 독자 여러분께 진심으로 감사의 말씀을 드립니다.

㈜시스메이트가 문을 연 2013년에 디지털 사이니지는 아직 생소하고 개척되지 않은 영역이었습니다. 참고할 만한 자료나 선례가 거의 없어 오로지 열정과 호기심만으로 탐험하듯 헤쳐 나가야 했던 지난 10여 년이었습니다. 우리는 다양한 프로젝트를 수행하며 이 산업의 성장을 함께 해왔고, 그 과정에서 얻은 경험과 지식은 귀중한 자산이 되었습니다.

지금 디지털 사이니지는 정보 전달을 넘어 공간의 가치를 높이고 사용자 경험을 풍부하게 만드는 '제4의 미디어'로 자리매김했습니다. 인공지능, 빅데이터, 사물인터넷 등 첨단 기술과의 융합으로 더욱 스마트해진 디지털 사이니지는 이제 지속 가능한 스마트 시티의 핵심 인프라로 발돋움했습니다.

그러나 이처럼 빠른 성장에도 불구하고 그 이면의 실무적 과제와 최신 트렌드를 종합적으로 다룬 자료는 여전히 부족한 실정입니다.

특히 이 기술을 처음 접하는 이들이 참고할 만한 체계적이고 실질적인 가이드의 필요성은 점점 더 커지고 있습니다. 이 책은 우리가 지난 10여 년간 겪은 시행착오와 경험을 나누어 더 나은 출발점을 제공하고자 하는 마음에서 탄생했습니다.

이 책은 특별히 세 유형의 독자층을 염두에 두고 집필하였습니다. 첫째는 디지털 사이니지 분야에 첫발을 내딛는 신입 실무자들로 시행착오를 최소화할 수 있는 길잡이가 되고자 합니다. 둘째는 소상공인부터 대기업까지 새로운 비즈니스 기회를 모색하는 사업자들로 비즈니스 잠재력과 실제 구현 방안을 상세히 다룹니다. 셋째는 도시의 발전과 미래를 설계하는 기획자와 정책 담당자들로 스마트도시 인프라로서의 가치와 방향성을 제시합니다.

《디지털 사이니지의 모든 것》은 이론과 실무를 아우르는 실용적인 내용을 담고 있습니다. 책은 크게 세 부분으로 구성됩니다.

제1부는 디지털 사이니지의 역사와 개념, 기술적 세부 사항을 통해 탄탄한 이론적 기반을 제공합니다. 제2부는 다양한 현장 사례와 프로젝트 진행 과정을 상세히 설명하여 실무에 바로 적용할 수 있는 지식을

담았습니다. 마지막으로 제3부에서는 디지털 사이니지 산업의 현재와 미래를 조망하며 앞으로의 가능성과 과제를 살펴보며 미래를 준비할 수 있는 시야를 제시합니다. 또한 각 장의 마무리마다 ㈜시스메이트의 대표적인 프로젝트 사례를 한 개씩, 총 9개를 수록하여 실무에 대한 이해를 돕고자 하였습니다.

저희는 독자 여러분이 이 책을 통해 디지털 사이니지의 기술적 진보와 산업적 가치를 깊이 있게 이해할 수 있기를 바랍니다. 특히 실무 현장의 생생한 사례와 구체적인 실행 방안을 통해 여러분이 새로운 아이디어를 얻고 실질적인 성과를 만들어가는 데 도움이 되었으면 합니다. 나아가 디지털 사이니지가 우리의 일상과 도시를 어떻게 변화시킬 수 있을지 함께 고민하며 이 분야를 한 단계 더 성장시켜 나가는 여정에 동참하시기를 기대합니다.

감사합니다.

2024년 10월

㈜시스메이트 대표이사 정종균

Chapter 00
동굴 벽화에서
디지털 사이니지까지

인류의 역사와 함께해 온 사이니지는 우리 일상 속 깊숙이 자리 잡은 소통의 도구다. 초기 동굴 벽화부터 현대의 디지털 사이니지에 이르기까지, 이 '일상의 신호 체계'는 기술의 발전과 함께 끊임없이 진화해 왔다. 그 존재가 너무나 당연해 미처 인식조차 못 하는 사이, 사이니지는 쉬지 않고 진화를 거듭하며 우리 곁에 있었다. 특히 주목할 만한 점은 사이니지 산업이 역사상 한 번도 쇠퇴한 적 없이 꾸준히 성장해 왔다는 사실이다. 이 장에서는 본격적으로 디지털 사이니지를 이야기하기에 앞서, 사이니지의 풍부한 역사를 살펴보고자 한다.

1. 사이니지: 진화의 역사

사이니지signage란 어원인 사인sign에서 알 수 있듯이, 대중에게 정보를 전달하는 표지판이나 간판 등을 총칭하는 용어다. 이는 공공 및 상업 시설에서 널리 사용되는 시각적 커뮤니케이션 도구로 기능한다. 일부 학자들은 선사 시대의 동굴 벽화를 사이니지의 기원으로 보기도 하지만, 오늘날과 유사한 형태와 기능을 갖춘 사이니지는 고대 문명에서 본격적으로 그 모습을 드러내기 시작했다.

◈ 최초의 사이니지

고대 로마인들은 현대의 도로 표지판 시스템과 유사한 개념을 최초로 도입했다. 그들은 거리와 방향을 안내하는 표지판을 설치했고 간판을 활용해 공공 행사를 알렸다. 또 고대 그리스에서는 대다수가 문맹이었던 시민들을 위해 공공기관과 사업장을 구분하는 데 다양한 이미지를 활용했다. 이러한 초기 사이니지는 주로 돌에 새기거나 건물 외벽을 이용해 제작되었다.

동양에서도 사이니지의 흔적을 찾아볼 수 있다. 중국 송나라 시대의 기록에 따르면 한 바늘 장인이 '고운 바늘을 만든다'라는 문구를 구리 인쇄판에 새겨 붙였다고 한다. 특히 주목할 만한 점은 이 장인이 주요 고객인 여성들이 대부분 문맹이라는 점에 착안해 글 아래에 토끼 그림을 그려 넣어서 자신의 '브랜드'를 쉽게 인식할 수 있도록 했다는 것이다. 이는 현대 로고 디자인의 초기 형태로 볼 수 있는 흥미로운 사례다.

중세 시대에 이르러 사이니지는 더욱 중요한 역할을 하게 되었다.

장인과 상인들에게 간판은 거의 유일한 홍보 수단이었다. 영국에서는 법령으로 선술집과 여인숙에 간판 설치를 의무화했고, 유럽의 귀족 가문들은 자신들만의 고유한 문장紋章을 만들어 권위와 세력을 과시했다.

상업과 무역의 발달은 사이니지의 형태와 기능을 한층 더 다양하게 만들었다. 간판은 점차 화려하고 예술적인 모습으로 진화했다. 금박, 장식용 철제, 다채로운 색상의 물감, 정교한 조각 등이 사용되었고 대리석, 청동, 구리와 같은 고급 소재를 활용한 독창적인 디자인도 등장했다. 이렇게 다양한 형태의 간판과 표지판이 거리를 채우면서 사이니지는 도시 경관의 중요한 일부로 자리 잡게 되었다.

이러한 역사적 흐름은 사이니지가 단순히 정보를 전달할 뿐만 아니라, 문화와 기술의 발전을 반영하며 사회적 소통을 이끌어온 매체였음을 보여준다. 이어지는 내용에서는 이러한 전통적 사이니지가 어떻게 현대의 디지털 기술과 만나 새로운 형태로 진화하게 되었는지 살펴본다.

중세 상점의 간판들, 윌리엄 호가스William Hogarth, 〈네 번의 밤 Four Times Night〉, 영국(1738)

◈ 새로운 기술의 도입

19세기에 들어서며 사이니지 산업은 일대 혁신의 시기를 맞이했다. 가스램프의 등장으로 시작된 변화는 백열전구의 발명으로 더욱 가속화되었다. 이제 사람들은 어두운 밤에도 사이니지를 볼 수 있게 되었고, 이는 사이니지의 활용 범위를 크게 넓혔다. 밝고 화려해진 전구 사이니지는 은행, 광장, 카지노, 극장 등 다양한 공간을 장식하며 큰 인기를 끌었다.

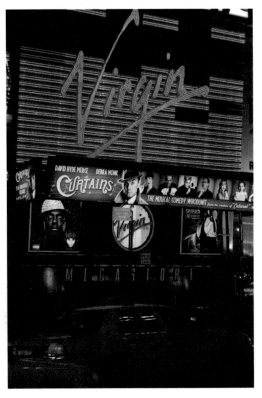

네온사인 사이니지

20세기에 접어들면서 사이니지는 도시 경관을 형성하는 중요한 요소로 부상했다. 네온튜브 기술의 도입으로 부드럽게 구부러진 선과 다채로운 색상의 네온사인이 등장했고, 뒤이어 개발된 형광튜브는 더욱 생생한 색상과 다양한 형태를 구현해냈다. 이러한 혁신적인 기술들은 행인들의 시선을 사로잡으며 옥외 광고 시장을 장악했다.

1950년대에 발명된 플라스틱은 때마침 새로운 재료를 물색하던 사이니지 시장의 니즈와 정확히 맞아떨어졌다. 플라스틱은 값싸고, 제작이 쉬우며, 다용도로 활용할 수 있어서 사이니지 제작에 이상적인 소재였다. 무엇보다 일일이 그릴 필요 없이, 플라스틱 위에 직접 인쇄할 수 있다는 점은 제작 과정을 대폭 간소화하고 대량 생산을 가능케 했다.

◈ 디지털 사이니지의 태동

백열전구의 발명 이후, 약 100년이 지난 시점에 등장한 개인용 컴퓨터(PC)는 사이니지 산업에 새로운 지평을 열었다. 전문 화가의 손길이 필요했던 과거와 달리, 이제는 그래픽 디자이너들이 소프트웨어를 이용해 신속하게 디자인을 만들어낼 수 있었다. 증권거래소나 영화관 등에는 PC를 활용해 문자, 숫자, 간단한 그래픽을 표시하는 새로운 형태의 사이니지가 등장했다. 이후로 컴퓨터 성능의 향상과 고해상도 모니터의 출현은 사이니지의 표현 범위를 한층 더 확장시켰다.

1980년대 말, 소매업계에 흥미로운 변화가 일어났다. 매장 내부나 쇼윈도에 대형 CRT TVCathode-Ray Tube TV, 브라운관 TV를 설치하고 여기에 VCR을 연결해 VHS 테이프를 재생하는 방식의 마케팅이 등장한 것이다. 고급 의류 매장에서는 브랜드의 패션쇼 영상을, 대형 음반 매장에서는 최신 인기 뮤직비디오를 반복 재생했다. 이 단순한 방식은 당시로서는 꽤 참신하고 획기적인 시각적 마케팅 도구였다. 영상을 재생하기만 해도 매장에 세련된 분위기를 더해 고객의 매장 경험을 향상하는 데 큰 역할을 했다. 이러한 효과를 알아차린 업체들은 곧 여러 대의 TV를 전략적으로 배치해 그 효과를 극대화하려 했다.

1990년대 중반, 영상 포맷이 아날로그에서 디지털로 전환되면서 사이니지 산업은 또 한 번의 변혁기를 맞이했다. 이는 기술적 진보를 넘어 콘텐츠 제작과 관리 방식의 근본적인 변화를 의미했다. 디지털화는 콘텐츠의 다양성과 유연성을 크게 향상했고, 원격 제어와 실시간 업데이트 같은 새로운 가능성을 열었다.

2000년대 초반, LCD나 PDP를 이용한 평판 TV가 본격적으로 출시되면서 사이니지 산업은 또 한 번의 혁명적인 전환점을 맞이했다. 이 새로운 디스플레이는 무겁고 부피가 큰 CRT TV의 한계를 단숨에 극복했다. 얇고 가벼운 평판 TV는 다양한 공간에 유연하게 설치할 수 있고, 높은 에너지 효율로 운영 비용까지 크게 절감시켰다. 게다가 기술 발전으로 가격이 점차 낮아지면서 평판 TV의 보급이 급속도로 확대되었고, 이는 곧 사이니지의 활용 범위를 전례 없이 확장했다.

이러한 기술의 융합은 '디지털 사이니지digital signage'라는 새로운 패러다임을 탄생시켰다. 그 정확한 시작점을 특정하기는 어렵지만, 디지털 기술과 첨단 디스플레이의 결합이 사이니지의 새 시대를 열었음은 분명하다. 이로써 사이니지는 단순한 정보 전달 매체를 넘어 대화형 커뮤니케이션 플랫폼으로 진화할 수 있는 기반을 마련하게 되었다.

2. 디지털 사이니지의 시대

고대부터 현대에 이르기까지 사이니지는 우리의 일상에 늘 존재했다. 시대와 기술의 변화에 따라 그 형태와 작동 방식은 끊임없이 진화했지만,

정보를 전달하고 소통하는 본질적 목적은 변함없이 유지되었다. 지금 우리는 전통적인 인쇄 방식의 사이니지와 첨단 디지털 사이니지가 공존하는 시대를 살고 있다. 그러나 디지털 사이니지의 영향력이 해를 거듭할수록 급속도로 확대되고 있으며, 앞으로도 이를 중심으로 정보 전달 방식이 혁신적으로 발전할 것으로 전망된다.

◆ 1세대: 단방향 정적 디스플레이의 시대 (1990년대 중반~2000년대 중반)

- 단순 노출형
- 정적 콘텐츠
- 수동 업데이트

1세대 디지털 사이니지의 특징은 단방향과 단순성이었다. 주로 정적인 영상, 텍스트, 간단한 애니메이션을 단방향으로 단순 노출하는 데 그쳤다. 콘텐츠 업데이트는 수동으로 이루어졌으며, 사용자와 상호 작용하는 기능은 거의 없었다. 이러한 단순한 구조에도 불구하고, 1세대 디지털 사이니지는 강력한 마케팅 도구로 빠르게 인정받았다. 전통적인 인쇄 매체에 비해 뛰어난 주목도와 메시지 전달력을 보여주며 브랜드 인지도 향상에 탁월한 효과를 입증했기 때문이다. 이는 디지털 사이니지가 새로운 커뮤니케이션 수단으로 자리 잡는 데 중요한 기반이 되었다.

국내 디지털 사이니지의 역사는 1995년으로 거슬러 올라간다. 서울 광화문 코리아나 호텔 벽면에 국내 최초로 풀컬러 LED 전광판이 설치되면서 한국의 옥외 디지털 사이니지 시대가 본격적으로 열렸다.[1] 이때를 기점으로 주요 언론사들이 앞다투어 옥외 전광판을 도입하기 시작했고, 이를 활용한 광고 시장이 급속도로 성장했다.

2002년 한일 월드컵은 디지털 사이니지의 잠재력을 대중에게 각인시킨 결정적 계기가 되었다. 도심 곳곳의 대형 전광판을 통해 월드컵 경기가 생중계되면서 디지털 사이니지는 광고 매체를 넘어 실시간 정보 전달과 대중문화를 선도하는 새로운 미디어로 그 가치를 인정받았다.

이처럼 초기 디지털 사이니지는 기술적 한계로 인해 콘텐츠의 다양성

도심 빌딩의 대형 전광판들 (출처: 세계일보)

---

1) 이보다 이전인 1987년에 서울시청 앞 빌딩 옥상에 최초로 옥외 전광판이, 1988년에도 코리아나 호텔 벽면, 프레스센터 앞, 김포공항 청사에 전광판이 설치된 바 있다. 그러나 모두 2~3개 색상만 표현하는 RG 전광판이었다.

과 상호 작용성이 부족했지만, 향후 더 혁신적인 기술과 서비스가 등장할 수 있는 발전의 토대를 마련했다. 1세대 디지털 사이니지의 성공은 이 분야에 대한 투자와 연구를 촉진했고 이는 곧 다음 세대의 더 진보된 시스템 개발로 이어졌다.

◆ 2세대: 상호 작용과 동적 콘텐츠의 시대 (2000년대 중반~2010년대)

- 상호 작용형
- 동적 콘텐츠
- 실시간 업데이트

2세대 디지털 사이니지는 기술의 비약적 발전을 바탕으로 크게 도약했다. 디지털 기술, 네트워크 시스템, 소프트웨어의 발전에 힘입은 디지털 사이니지는 관리가 편리하면서도 시각적으로 매력적인 콘텐츠를 제공하는 강력한 마케팅 수단으로 자리매김했다.

터치스크린 기술의 도입은 디지털 사이니지를 시청자의 눈에서 손끝으로 이동시켰다. 이제 디지털 사이니지는 단순히 보기만 하는 시각적 매체에서 상호 작용형 매체로 변모했고, 콘텐츠를 수동적으로 바라보기만 하던 시청자들은 화면을 직접 조작하며 소통하는 사용자로 전환되었다. 이러한 상호 작용은 디지털 사이니지가 다양한 환경에서 사용자 참여를 유도하고 사용자 경험의 질을 높이는 데 결정적인 역할을 했다.

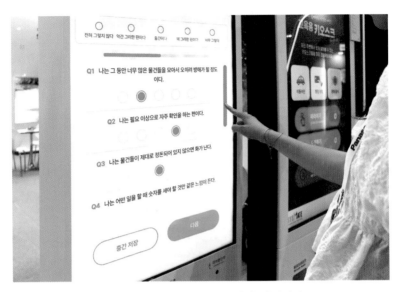

사용자와 상호 작용하는 디지털 사이니지

콘텐츠 측면에서도 큰 진전이 있었다. 사람들의 시선을 디지털 사이니지에 잡아두려면 심미적으로 뛰어난 콘텐츠, 창의적이고 흥미로운 콘텐츠가 필요했다. 이에 따라 아름답고 창의적인 예술적 콘텐츠, 생동감 넘치는 3D 콘텐츠 등 시각적으로 뛰어난 콘텐츠가 대거 등장해 시각적 경험을 한층 더 풍부하게 만들었다.

운영 방식 또한 획기적으로 개선되었다. 네트워크를 활용해 콘텐츠를 관리하는 방식이 도입되면서 여러 장소에 설치된 디지털 사이니지를 원격으로 일괄 관리할 수 있게 되었다. 운영자는 각 디스플레이 위치를 방문하지 않고도 콘텐츠를 편집, 배포, 업데이트할 수 있었으며, 이러한 기술적 진보는 대규모 네트워크 운영의 효율성을 크게 향상시켰다.

◈ 3세대: 지능형 커뮤니케이션의 시대
(2010년대 후반~현재)

- 상황 인식형
- 지능형 커뮤니케이션 플랫폼
- 스마트 사이니지

3세대 디지털 사이니지의 가장 큰 특징은 첨단 기술과의 융합이다. 빅데이터, AI_{Artificial Intelligence, 인공지능}, IoT_{Internet of Things, 사물인터넷} 등의 발전으로 더 스마트해진 디지털 사이니지는 사용자의 데이터와 선호도를 분석해 개인화된 콘텐츠를 제공하고, 실시간으로 주변 상황을 인식하여 최신 프로모션, 이벤트, 환경 조건을 즉각 반영하는 '지능형 커뮤니케이션 플랫폼'으로 진화했다.

다양한 용도의 디지털 사이니지

앞으로의 디지털 사이니지는 더 다양한 첨단 기술과 결합하며 다채롭게 진화할 전망이다. AR_{Augmented Reality, 증강현실}, VR_{Virtual Reality, 가상현실} 같은 새로운 기술들을 통해 몰입형 경험을 제공하고, IoT 기술을 활용해 다른 시스템과 상호 작용하는 '스마트 사이니지_{smart signage}'로서 우리 일상에서 점점 더 중요한 역할을 하게 될 것이다.

특히 스마트도시의 핵심 인프라로서 공공 정보 시스템, 도시 관리, 비즈니스 등 다양한 분야에서 활용도가 높아질 것으로 보인다. 더욱 지능화된 상호 작용을 통해 도시 환경과 일상생활을 편리하고 풍요롭게 만들 것으로 기대된다.

1세대	2세대	3세대
▼	▼	▼
단방향 정적 디스플레이의 시대	상호 작용과 동적 콘텐츠의 시대	지능형 커뮤니케이션의 시대
▼	▼	▼
· 단순 노출형 · 정적 콘텐츠 · 수동 업데이트	· 상호 작용형 · 동적 콘텐츠 · 실시간 업데이트	· 상황 인식형 · 지능형 커뮤니케이션 플랫폼 · 스마트 사이니지

01부

디지털 사이니지의 세계

Chapter 01
디지털 사이니지
이해의 시작

지금, 이 순간에도 전 세계의 상업 및 공공 공간에서 디지털 사이니지를 통해 다양한 콘텐츠가 배포되고 있다. 이제 디지털 사이니지는 '더 효과적인 커뮤니케이션을 위한 도구'이자 생활 편의성을 높이는 매체로 발전했으며 그 용도와 사회적 영향력이 날로 증가하고 있다. 이 장에서는 디지털 사이니지란 무엇이고, 어떠한 가치가 있으며, 왜 선택해야 하는지에 관해 이야기한다.

1. 디지털 사이니지란?

매일 아침 출근길, 직장인 A는 빌딩의 대형 전광판에서 주요 뉴스와 금융 정보 등을 확인한다. 회사 로비의 화려한 비디오월을 지나쳐 사무실로 올라간 후, 어제 키오스크로 예약해 둔 회의실에서 오전 회의를 했다. 점심시간에는 음식점 입구의 전자 광고판에서 프로모션을 확인하고 테이블 오더로 편리하게 주문했다.

LED 디스플레이, 모어비전, 7.68m×2.4m

최근 B고등학교는 현관에 전자 현수막을 설치해 학교 소식과 주요 행사를 알리고 있다. 1층 로비에도 커다란 멀티비전을 설치해 다양한 활동 영상을 재생했더니 학생과 교직원들의 반응이 아주 좋다. 교실에서는 전자칠판이 수업의 질을 높이고 있다. 수학 교사는 전자칠판에 풀이 과정을 써서 QR 코드를 통해 학생들에게 공유하며 과학 교사는 전자칠판에 올라오는 질문에 실시간으로 답변한다.

전자칠판을 도입한 교실

마트에 간 주부 C는 매장으로 가는 에스컬레이터를 타면 시선을 위로 고정한다. 천장에 달린 화면들에서 그날의 쇼핑 정보를 얻기 위해서다. 요즘에는 각 매대에 설치된 작은 화면에 식자재 세척법이나 상품 사용법을 안내하는 영상이 나와서 무척 유용하다. 집으로 돌아오는 길, 새로 생긴 무인 카페에 들러 셀프 키오스크로 주문, 결제했다.

멀티비전, 홈플러스 서부산점, 1단 4열

이상의 장면들에는 모두 일련의 장치가 등장한다. 빌딩의 대형 전광판, 로비의 화려한 비디오월, 회의실 예약용 키오스크, 프로모션을 알리는 전자 광고판, 비대면 주문이 가능한 테이블 오더, 소식을 전하는 전자 현수막과 멀티비전, 더 효율적인 수업을 돕는 전자칠판, 고객에게 쇼핑과 생활 정보를 제공하는 화면들, 무인 카페의 셀프 주문 키오스크……; 모두 우리 일상의 곳곳에서 흔히 볼 수 있는 디지털 사이니지다.

◈ 제4의 미디어, 디지털 사이니지

TV, PC, 휴대폰에 이은 '제4의 미디어'로 불리는 디지털 사이니지는 콘텐츠 전달과 소통을 위한 혁신적 매체로 자리매김했다. 디지털 사이니지는 '기업이나 기관의 광고, 홍보, 안내용 디스플레이'로 알려졌지만, 이는 단순한 활용 측면의 설명에 그친다. 이 기술의 본질을 이해하기 위해서는 더 깊이 있는 정의가 필요하다.

우선 개념적으로 디지털 사이니지는 '디지털$_{digital}$'과 '사이니지$_{signage}$'의 합성어로서 말 그대로 '디지털 간판'이다. 전통적인 아날로그 간판은 종이, 나무, 플라스틱 등의 재료에 문자나 그림을 그려 만들었는데, 디지털 사이니지는 이를 '디지털화'했다는 의미다. 그 결과 종이, 나무, 플라스틱 등은 디지털 디스플레이로, 정적인 문자와 그림은 다채로운 효과를 입힌 텍스트, 이미지, 영상 등의 디지털 콘텐츠로 대체되었다. 이러한 진화를 바탕으로 디지털 사이니지는 '디스플레이를 활용해 다양한 미디어 콘텐츠를 게시하는 첨단 커뮤니케이션 매체'로 정의할 수 있다.

그러나 디지털 사이니지의 역할은 단순한 광고 수단을 넘어선다.

여러 첨단 기술이 결합한 새로운 미디어 서비스로서 공공장소에 노출되는 공공 미디어, 양방향 정보 교환이 가능한 대화형 미디어, 공간의 특성을 반영하고 확장하는 공간 미디어 등, 다차원적인 역할을 수행한다. 이러한 디지털 사이니지의 복합성과 확장성을 고려할 때, 디지털 사이니지는 '디지털 디스플레이와 멀티미디어 콘텐츠가 융합된 복합 미디어 시비스'로 정의할 수 있다.

더 나아가 디지털 사이니지는 사용자 경험을 혁신하는 플랫폼이기도 하다. 실시간 정보 제공, 맞춤형 콘텐츠, 상호 작용을 통해 사용자 참여를 유도하고, 즉각적인 정보 획득과 깊이 있는 콘텐츠 몰입을 가능케 한다. 이는 효과적인 메시지 전달을 통해 사용자의 의사 결정과 행동 변화를 촉진하며 고객 만족도 향상을 실현한다. 이러한 특성을 종합해 사용자 경험의 관점에서 정의하면 디지털 사이니지는 '혁신적인 커뮤니케이션 플랫폼'이 된다.

디지털 사이니지의 발전 속도를 고려하면 지금의 정의가 불과 몇 년 후에는 다소 지엽적이거나 제한적으로 느껴질 수 있다. 앞으로 다가올 미래에는 또 어떠한 기술이나 분야와 결합하여 새로운 혁신을 이룰지 정확히 예측하기는 어렵다. 그러나 한 가지 확실한 것은 디지털 사이니지가 우리의 삶을 더욱 편리하고 풍요롭게 만드는 방향으로 발전할 것이라는 점이다.

> **디지털 사이니지란?**
>
> - 기업이나 기관의 광고, 홍보, 안내용 디스플레이
> - 디스플레이를 활용해 다양한 미디어 콘텐츠를 게시하는 첨단 커뮤니케이션 매체
> - 디지털 디스플레이와 멀티미디어 콘텐츠가 융합된 복합 미디어 서비스
> - 혁신적인 커뮤니케이션 플랫폼

◈ DID? 디지털 사이니지?

오늘날 업계 표준으로 사용되는 디지털 사이니지라는 용어는 어떻게 생겨났을까? 여러 설이 있지만, 해외에서는 1990년대 초에 영국 쇼핑센터의 한 경비원이 이 용어를 처음 말한 이후로 업계에서도 차차 쓰기 시작했다는 이야기가 전해진다. 물론 이 이야기의 진위는 확실치 않다.

디지털 사이니지라는 명칭이 보편화되기 전, 이 새로운 기술은 꽤 다양한 이름으로 불렸다.[2] 그중에서도 주목할 만한 것이 DID Digital Information Display다. DID는 '디지털 정보를 표시하는 디스플레이'라는 의미로 TV나 컴퓨터용 모니터와 달리 '정보 전달에 특화된 디스플레이'를 가리키는 용어였다. 이에 해당 디스플레이를 사용하는 사이니지 시스템을 편의상 통칭하여 DID라고 불렀다.

시간이 지나면서 이 기술의 활용 범위가 확장되었다. 특히 광고

---

2) DID 외에 PID Public Information Display, PD Public Display, LFD Large Format Display, DOOH Digital Out Of Home 등이 사용되었다.

마케팅 도구로서의 가치가 크게 부각되면서 용어의 보완이 필요해졌다. 이에 해외에서는 상업 광고용과 순수 정보 제공용을 구분하여 각각 디지털 사이니지와 DID라는 용어를 사용하기 시작했다. 하지만 이 두 영역의 경계가 모호해지고 통합 마케팅 솔루션으로서의 역할이 부각되면서, 결국 '디지털 사이니지'라는 단일 용어로 정착하게 되었다.

디지털 사이니지		DID
• 상업 광고 마케팅용 • 신상품 및 할인 정보, 각종 프로모션 등 콘텐츠	통합 마케팅 솔루션 디지털 사이니지	• 순수 정보 제공용 • 뉴스, 날씨, 교통 정보, 안내 등 콘텐츠

　국내 상황은 조금 달랐다. 디스플레이 제조사들의 영향으로 DID라는 용어가 해외보다 더 오래, 더 널리 사용되었다. 현재는 디지털 사이니지가 통용되는 표준 용어이지만, 여전히 DID와 디지털 사이니지를 동의어로 사용하거나 무분별하게 혼용하는 경우가 종종 있다. 엄밀히 말하자면 DID는 광고나 홍보 콘텐츠를 배제한 순수 정보 제공용 사이니지를, 디지털 사이니지는 DID, 즉 디지털 정보 디스플레이를 활용해 다양한 콘텐츠를 배포하는, 보다 포괄적인 개념의 사이니지를 지칭한다고 볼 수 있다.

　이러한 용어의 변천은 디지털 사이니지 기술의 발전과 그 활용 범위의 확장을 반영한다. 앞으로도 기술의 진화에 따라 관련 용어들이 계속해서 발전하고 정립될 것으로 보인다.

2. 디지털 사이니지의 차별화된 가치

오늘날 도시 곳곳에서 다양한 형태와 용도의 디지털 사이니지가 눈에 띄게 늘어나고 있다. 버스 정류장에서는 실시간으로 업데이트되는 도착 정보를, 백화점에서는 고객과 상호 작용하는 광고 스크린을, 공항에서는 수시로 변경되는 항공편 안내를, 그리고 식당에서는 생생한 음식 이미지가 담긴 디지털 메뉴판을 접할 수 있다. 기업과 공공기관들은 기존의 정적인 아날로그 매체를 빠르게 첨단 디지털 사이니지로 교체하고 있으며, 이는 곧 새로운 표준이 되어가는 추세다. 디지털 사이니지가 이처럼 널리 확산하는 데는 그만의 독특한 장점이 있기 때문이다.

첫째, 시공간과 콘텐츠에 제약이 없다.
365일 24시간 쉼 없이 운영할 수 있으며, 언제 어디서든 최신 트렌드를 반영한 실시간 업데이트가 가능하다. 다양한 멀티미디어 콘텐츠는 물론이고 뉴스, 날씨, 소셜미디어 피드까지 제공할 수 있어 어떤 공간이든 역동적인 커뮤니케이션 플랫폼으로 탈바꿈시킨다.

둘째, 적용 범위가 매우 넓다.
광고, 교육, 의료, 공공 서비스 등 다양한 산업에서 활용되며, 특히 스마트 시티 구현의 핵심 요소로서 도시 생활의 편의성을 높이는 데 이바지한다.

셋째, 확장성이 뛰어나다.
터치스크린, 카메라, 센서, QR 코드와 NFC 리더 등 다양한 기기 및 기술과 결합할 수 있다. 앞으로는 빅데이터, AI 기술을 통해 더욱 정교하고 몰입도 높은 콘텐츠를 제공할 것으로 기대된다. 뛰어난 확장성은 디지털 사이니지가 더 다양한 산업 분야에서 맞춤형 솔루션으로 자리 잡는 원동력으로 작용한다.

넷째, 개인화된 맞춤형 콘텐츠를 제공한다.

최신 센서 기술과 고도화된 분석 알고리즘을 활용해 시청자의 나이, 성별, 행동 패턴 등을 실시간으로 파악하고, 이를 바탕으로 최적화된 콘텐츠를 제공함으로써 광고 효과와 고객 경험을 극대화한다. 맞춤형 콘텐츠 제공을 통한 이러한 상호 작용은 브랜드나 공간에 대한 긍정적인 인식 형성으로 이어진다.

다섯째, 환경 친화적이다.

종이와 잉크 사용을 줄여 불필요한 낭비가 없고, 플라스틱이나 합성 섬유 등과 같은 폐기물이 발생하지 않으며, 인쇄물 운송에 따른 탄소 배출 역시 없다. 최신 디스플레이 기술은 저전력으로 밝고 선명한 화면을 구현하여 에너지 효율성을 높이며 일부 시스템은 태양광 패널을 통해 자체적으로 전력을 생산하기도 한다.

디지털 사이니지의 차별화된 가치
- 시공간과 콘텐츠의 제약이 없는 유연한 운영
- 다양한 산업에 적용할 수 있는 광범위한 활용성
- 최신 기술과의 융합을 통한 무한한 확장성
- 데이터 기반 개인 맞춤형 정보 전달 능력
- 자원 효율과 지속가능성 향상에 기여

3. 지금, 디지털 사이니지를 선택해야 하는 이유

디지털 사이니지는 현대 사회의 필수 커뮤니케이션 도구다. 네트워크 기반 원격 제어, 높은 주목도, 우수한 정보 전달력을 갖춘 이 시스템은 이미 상업과 공공분야에서 폭넓게 활용되고 있다. 특히 비대면 소통과 업무 효율화가 중요해진 오늘날, 양방향 커뮤니케이션이 가능한 디지털 사이니지의 도입은 필수불가결한 흐름이 되었다. 효과적인 정보 전달과 고객 경험을 중시하는 기업과 기관이라면 디지털 사이니지는 필수적인 선택이다. 그 이유는 다음과 같다.

첫째, 인건비를 절감할 수 있다.
중앙에서 원격으로 콘텐츠를 일괄 관리할 수 있어 소수의 인력으로도 전체 운영이 가능하다. 특히 여러 지점을 동시에 운영하는 기관이나 기업에서 효율적이다. 상위 기관인 구청이 산하 행정복지센터의 사이니지까지 원격으로 통합 관리하여 인력 운용을 최소화하는 것이 대표적인 예시다.

둘째, 비용 효율성이 높다.
초기 투자 이후에는 추가 비용이 거의 발생하지 않는다. 종이, 인쇄 등 물리적 자원이 불필요하며 내구성이 높은 편이라 유지 보수 비용도 적다.

셋째, 주목도가 뛰어나다.

역동적이고 참신한 콘텐츠로 시선을 사로잡으며 공간에 모던하고 스타일리시한 분위기를 더한다. 기존 매체와 차별화된 생동감 있는 표현으로 높은 광고 효과를 기대할 수 있다.

넷째, 효과적인 마케팅 도구다.

실시간 콘텐츠 업데이트로 즉각적인 마케팅 대응이 가능하다. 재고나 수요 변화를 반영한 메시지 수정, 새로운 프로모션 전개 등 다양한 마케팅 전략을 신속하게 구현한다. 또한 맞춤형 콘텐츠 제공으로 마케팅 효과를 극대화할 수 있다.

다섯째, 사용자 중심의 경험을 강화한다.

터치스크린, 제스처 인식, QR 코드 등 다양한 상호 작용 기술을 통해 고객이 원하는 정보에 직접 접근할 수 있다. 이는 고객과의 연결성을 강화하여 브랜드 경험을 향상하며 재방문을 유도하는 데 효과적이다. 특히 대면 커뮤니케이션을 꺼리는 고객층의 편의성과 만족도를 크게 높일 수 있다.

디지털 사이니지의 경쟁력
- 인건비 절감
- 높은 비용 효율성
- 뛰어난 주목도
- 효과적인 마케팅 도구
- 사용자 주도 경험 강화

김천 농업협동조합
고객 경험을 혁신하는 디지털 사이니지 구축

- 프로젝트명: 김천 농협 로컬푸드 복합문화센터 디지털
  사이니지 구축
- 고객사: 김천 농업협동조합
- 기간: 2022년 12월 1일 ~ 2023년 2월 7일
- 장소: 경북 김천시 김천농협 하나로마트 내부
- 규모: 디지털 사이니지 12대 설치(1단 3열 비디오월 포함)

1. 프로젝트 개요

김천 농업협동조합은 로컬푸드 복합문화센터의 신축과 함께 방문객에게 더 나은 정보 전달과 고객 경험을 제공하기 위해 디지털 사이니지 구축 프로젝트를 진행했다. 본 프로젝트는 매장 내 고객 동선을 고려한 최적의 위치에 디지털 사이니지를 설치하여 지역 농축산물 홍보와 마트 안내사항 전달을 동시에 수행하는 것을 목표로 했다.

이를 위해 43인치 싱글형과 55인치 멀티형 비디오월을 전략적으로 배치하여 공간 활용도를 극대화했다. 특히 1단 3열 비디오월은 1.8㎜ 베젤의 슬림한 디자인으로 매장 분위기와 조화를 이루며 중앙 CMS(콘텐츠 관리 시스템)와 연동되어 효율적인 콘텐츠 관리를 지원한다.

2. 기술적 도전과 솔루션

■ 천장형 비디오월 설치의 구조적 제약

4m 높이의 천장에 1단 3열 비디오월을 설치하는 작업은 작업자의 숙련도와 안전 조치가 필수적인 과제였다. 이에 따라 작업 전 안전 수칙과 공중 작업 장비를 철저히 점검하여 설치를 진행했다.

• 공중 작업 경험이 풍부한 전문 작업자를 배치하여 안전 사고를 예방
• 신축 건물로 전원선 및 케이블 배선 작업이 용이하여 설치 과정에서 작업 효율성 향상

■ 다양한 디스플레이 크기 및 설치 방식

매장의 특성과 고객 동선을 고려하여 43인치 싱글형과 55인치

멀티형 비디오월을 포함한 다양한 사이니지를 전략적으로 배치했다.

• 멀티형 비디오월, 싱글형, 천장형, 벽형 등 다양한 설치 방식을 유연하게 적용

• 고객 요구에 따라 각 디스플레이를 CMS와 연동하여 콘텐츠를 중앙 제어할 수 있도록 구현

■ 색상과 밝기의 일관성 유지

3대의 디스플레이 패널로 구성된 비디오월의 핵심 과제는 균일한 색상과 밝기의 유지였으며 이를 위해 다음과 같은 기술적 해결 방안을 적용했다.

• 색상과 밝기 보정을 위한 캘리브레이션calibration 기술을 활용하여 각 디스플레이 패널의 색상과 밝기를 정밀하게 조율, 하나의 화면처럼 자연스러운 시각적 경험을 구현

• 설치 후, 여러 차례에 걸친 테스트와 조정을 통해 색상 변화와 밝기 차이를 최소화
• 유지 보수 과정에서도 동일한 색상 프로파일을 유지하기 위해 관련 데이터 백업 및 관리 체계를 마련

3. 주요 성과

■ 고객 경험을 높이는 고화질 디스플레이 구현

1.8㎜의 슬림 베젤의 1단 3열 비디오월을 통해 웰컴 보드와 공지사항, 홍보 콘텐츠를 매끄럽게 송출했다. 특히 높은 해상도와 선명한 화질로 고객의 시선을 사로잡으며 매장의 첫인상을 한층 업그레이드했다.

■ 최적화된 디지털 사이니지 배치

비디오월과 함께 43인치 싱글형 디스플레이를 고객 동선에 따라 전략적으로 배치했다. 천장형, 벽걸이형 등 다양한 설치 방식을 적용하여 정보 접근성을 극대화했으며 매장 곳곳에서 효과적인 정보 전달이 가능해졌다.

■ 통합 관리 시스템 구축과 운영 효율화

CMS 연동을 통해 모든 디스플레이의 콘텐츠를 중앙에서 일괄 관리할 수 있게 되었다. 체계적인 케이블 배선과 설비 구축으로 유지 보수가 용이해졌으며 지역 농축산물 홍보와 매장 안내를 효과적으로 수행할 수 있는 디지털 인프라가 완성되었다.

4. 시사점과 향후 과제

본 프로젝트는 중소 규모 유통 매장에서 디지털 사이니지가 고객 경험을 개선하고 정보 전달력을 강화할 수 있음을 보여준 성공 사례다. 특히 제한된 공간에서 다양한 형태의 디스플레이를 효과적으로 구현한 점이 주목할 만하다.

향후 유사 프로젝트에서는 설치 환경에 따른 구조적 제약을 사전에 철저히 검토하고, 작업자의 안전과 고객의 요구사항을 고려한 맞춤형 솔루션 설계가 중요하다. 이는 디지털 사이니지 도입을 고려하는 다른 중소 유통 매장에도 실질적인 참고 사례가 될 것이다.

Chapter 02
디지털 사이니지의 유형

디지털 사이니지 시스템을 효과적으로 구현하기 위해서는 다양한 유형을 이해하는 것이 중요하다. 각 유형의 특징과 장단점을 파악함으로써 상황과 환경에 가장 적합한 시스템을 선택하고 원하는 메시지를 원하는 대상에게 가장 효과적인 방식으로 전달할 수 있기 때문이다. 이 장에서는 디지털 사이니지를 이해하기 위한 첫걸음으로 여러 기준에 따라 분류된 각 유형의 특징과 장단점을 살펴본다.

◈ 싱글형 사이니지

싱글형 사이니지single type signage는 하나의 디스플레이를 단독으로 사용하는 유형으로 간단한 메시지 전달과 타겟 커뮤니케이션이 중요한 공간에 적합하다. 구조가 단순하여 실내외 어디든 스탠드형이나 벽형으로 쉽게 설치할 수 있다. 그 단순함과 경제성 때문에 소매점, 병원, 음식점 등 소규모 비즈니스에서 가장 많이 선호된다. 특히 예산이 제한적이거나 복잡한 시스템을 관리할 인력이 부족할 경우에 매력적인 선택지다.

싱글형 사이니지, 류마앤내과, 85인치

그러나 싱글형 사이니지는 단일 콘텐츠나 메시지만 표시할 수 있어 전달 범위와 영향력 측면에서 한계가 있다. 특히 혼잡한 환경에서는 시선을 끌기에 다소 부족할 수 있으며 디스플레이의 크기와 시야각에 따라 콘텐츠의 노출 범위가 제한적일 수 있다. 싱글형 사이니지를 효과적으로 활용하려면 공간의 크기와 특성을 고려해 적절한 크기의 디스플레이를 선택하고 최적의 위치에 설치하는 것이 중요하다.

싱글형 사이니지의 효과를 높이려면 콘텐츠의 질과 관련성이 중요하다. 짧고 강력한 메시지, 눈에 띄는 시각적 요소, 주기적인 콘텐츠 업데이트로 단일 디스플레이의 한계를 보완할 수 있다. 또한 고객의 동선과 시선을 고려해 전략적으로 배치하면 노출 효과가 높아진다. 이런 방식으로 싱글형 사이니지는 적은 비용으로도 실질적인 효과를 내며 소규모 비즈니스의 고객 서비스 개선에 도움이 된다.

◈ 멀티형 사이니지(멀티비전)

멀티형 사이니지multi type signage, 일명 멀티비전multi vision은 여러 개의 디스플레이를 조합하여 하나의 대형 화면을 구성하는 기술이다. 비디오 월video wall이라고도 불리며 다양한 크기의 LCD 패널을 활용해 구성된다. 공항, 마트, 전시장, 터미널 등 넓은 공간에서 많은 사람에게 대량의 정보를 전달할 때 주로 사용되며 상황실이나 관제실의 모니터링 용도로도 활용되고 있다.

멀티비전은 시각적 매력과 뛰어난 정보 전달력으로 공간에 활력을

불어넣는다. 슬림하고 깔끔한 디자인은 주변 공간과 조화를 이루며, 대형 화면에 역동적인 콘텐츠를 제공해 몰입감을 극대화한다. 다만 멀티비전의 효과를 최대한 끌어내기 위해서는 정교한 콘텐츠 전략과 체계적인 관리가 필수적이다. 각 디스플레이를 어떻게 활용하느냐에 따라 그 효율성이 크게 달라질 수 있기 때문이다.

최근에는 경량 멀티비전light-weight multi vision이 주목받고 있다. 디스플레이 패널 뒷면을 ABSAcrylonitrile Butadiene Styrene 플라스틱으로 마감하여 철판 소재를 쓴 기존 제품보다 무게를 30% 이상 줄인 것이 특징이다. ABS 플라스틱은 열과 충격에 강한 내구성 높은 소재로 자동차 부품이나 전자 기기 등 다양한 분야에서 널리 사용되는 소재다.

멀티비전(비디오월), 청년취업사관학교 성북캠퍼스, 2단 2열

그러나 멀티비전에도 몇 가지 단점이 있다. 먼저 각 디스플레이의
테두리인 베젤bezel이 화면에 선을 만들어 시각적 흐름을 방해한다. 또한
멀티비전은 실외 설치가 어렵다. LCD 패널의 밝기가 실외 환경에
충분하지 않고, 방수 기능이 없어 날씨의 영향을 받기 쉽기 때문이다.

이러한 한계에도 불구하고 멀티형 사이니지는 대규모 정보 전달과
시각적 표현에서 뛰어난 성능을 보여준다. 베젤을 최소화한 베젤리스
bezelless 디스플레이와 방수 기능 등 기술의 발전에 따라 현재의 제약
사항들도 점차 해결될 전망이다.

2. 설치 형태에 따른 구분

◆ 스탠드형 사이니지

스탠드형 사이니지stand type signage는 바닥에 세워 설치하는 형태로 활용도가 높은 유형이다. 주로 사람의 눈높이에 맞춰 설치되므로 가시성이 뛰어나고 피벗pivot 기능을 통해 화면을 가로나 세로로 자유롭게 전환할 수 있다. 또한 양면 디스플레이로 구성해 더 넓은 범위의 사용자에게 동시에 메시지를 전달할 수 있다. 이는 유동 인구가 많은 공간이나 개방된 장소에서 특히 효과적이다. 바퀴를 달아 이동성을 높이면 임시 이벤트나 공간 구조의 변화에도 유연하게 대응할 수 있다.

최근에는 기술 발전과 함께 스탠드형 사이니지의 기능도 더욱 다양해지고 있다. 터치스크린으로 대화형 정보를 제공하고, 카메라와 센서로 사용자 행동을 인식해 맞춤형 서비스를

스탠드형 사이니지, 고성 델피노 리조트, 50인치

구현한다.

설치와 관리가 비교적 간단하다는 점도 큰 장점이다. 복잡한 설치 과정 없이도 빠르게 구축할 수 있으며, USB로 콘텐츠를 업데이트한다면 복잡한 배선이나 네트워크 설정도 필요 없다. 이러한 편의성은 운영 비용을 줄이고 효율성을 높이는 데 큰 도움이 된다.

◈ 부착형 사이니지

부착형 사이니지는 설치 위치에 따라 크게 벽면형과 천장형으로 나뉘어 다양한 실내외 환경에 적용된다.

벽면형(벽형, 벽부형) 사이니지wall type signage는 브라켓을 이용해 벽에 고정하거나 아예 벽면과 완전히 일체화되도록 매립하는 방식으로 설치

벽면형 사이니지, 구례군 의회, 86인치

된다. 공간을 효율적으로 활용하면서도 시각적 효과를 극대화하는 디지털 정보 전달 시스템이다.

천장형 사이니지hanging type signage는 실내 공간의 상부를 활용한다. 천장에 고정된 마운트와 연장봉 등을 이용해 설치되며 디스플레이가 공중에 떠 있는 것 같은 시각적 효과를 준다. 이러한 설치 방식은 넓은 공간에서 여러 방향의 가시성을 확보해야 할 때 상당히 유용하다.

부착형 사이니지의 가장 큰 장점은 공간 활용도와 미관이다. 지면 공간을 차지하지 않아 공간 활용이 효율적이며, 복잡한 배선과 장치들이 눈에 띄지 않아 깔끔한 외관을 유지할 수 있다. 또한 벽이나 천장에

천장형 사이니지, 인천공항, 55인치

단단히 고정되어 안정성이 뛰어나 사무실, 회의실, 공공장소 등 다양한 환경에서 쓰인다. 그러나 부착형 사이니지는 한 번 설치하면 이동이 쉽지 않다는 제약이 있다. 따라서 설치 위치를 결정할 때는 시청자의 동선과 시야각을 충분히 고려해야 한다. 최적의 위치 선정은 사이니지의 효과를 극대화하는 데 중요한 역할을 한다.

최근에는 벽면형 사이니지의 개념을 확장한 플로어 사이니지$_{floor}$ $_{signage}$도 많이 활용되고 있다. 이는 벽이 아니라 바닥에 LED 모듈을 매립해 연결해서 만든 형태다. 주로 전시관, 박물관, 이벤트 공간, 관공서 등에서 공간에 특별한 분위기를 연출하거나 길 안내 정보를 제공하는 데 활용된다. 특히 일부 전시 공간에서는 관람객의 발걸음에 반응하는 플로어 사이니지를 도입해 참여를 유도하고 있다. 다만 플로어 사이니지는 바닥에 설치되는 특성상 파손 위험이 있어 강화 유리를 씌우다 보니 화질이 다소 저하된다는 점이 아쉽다.

3. 설치 장소에 따른 구분

◈ 실내 사이니지

초기에는 '디지털 사이니지=옥외 광고'라는 인식이 강했지만, 이제는 실내외 어디서든 디지털 사이니지를 흔히 볼 수 있다. 실내 사이니지$_{indoor}$ $_{signage}$는 작게는 카페의 메뉴 보드부터 크게는 호텔 로비나 전시장의 대형 LED 디스플레이까지, 다양한 규모와 용도로 활용되고 있다. 최근에는 공간 설계 단계부터 디지털 사이니지 설치를 염두에 두고 필요한 인프라를 미리 마련하는 사례도 늘고 있다. 이는 디지털 사이니지가 공간 디자인의 중요한 요소로 부상하고 있음을 보여준다.

실내 사이니지에서 가장 중요한 부분은 '최적의 위치 선정'이다. 사람들이 주로 이동하는 경로나 자연스럽게 모이는 지점을 찾아 설치해야 메시지가 효과적으로 전달될 수 있다. 또한 공간의 크기, 예상 시청 거리, 시청자 수, 주변 조명 등을 고려해 가장 적합한 사이니지 유형을 선택하는 것이 필수적이다. 안정성, 미관, 기술적 요구사항까지 충족하는 방식으로 설치해야 하며 전력 공급과 네트워크 연결 같은 기술적 요소도 고려되어야 한다.

실내 싱글 벽면형(매립식) 사이니지, 국립중앙박물관, 86인치

잘 설계된 실내 사이니지는 공간에 생기를 불어넣고 사용자 경험을 한층 강화하는 역할을 한다. 미술관에서는 작품 정보 제공과 함께 관람객과 상호 작용을 유도하고, 쇼핑몰에서는 고객의 동선을 자연스럽게 안내하면서 맞춤형 프로모션 정보를 제공한다. 이처럼 실내 사이니지는 공간, 사람, 정보를 유기적으로 연결하는 스마트한 매개체가 되고 있다.

◆ 실외 사이니지

흔히 옥외 전광판으로 알려진 실외 사이니지outdoor signage는 지난 10여 년 사이 눈에 띄는 큰 변화를 겪었다. 전통적인 대형 광고판은 첨단 기술을 입은 디지털 디스플레이로 진화했으며 간판, 포스터, 현수막 등도 전자 게시대, 키오스크, 전자 현수막 등으로 탈바꿈했다. 실외 사이니지의 진화는 도시 경관을 개선하고 정보의 흐름을 더 효율적으로 만들어 도시 생활의 질을 높이고 있다.

실외 사이니지의 강점은 넓은 시청자 범위와 높은 주목도에 있다. 이에 따라 점점 더 많은 공공장소에서 활용되고 있으며, 때로는 독특한 디자인의 사이니지가 해당 지역을 대표하는 상징물로 인식되기도 한다. 더불어 실외 설치물임에도 원격으로 관리할 수 있는 시스템이 갖춰져 있어 운영 면에서도 효율적이다.

사이니지가 실외 환경에서 제 기능을 다하려면 여러 기술적 요소가 필요하다. 우선 직사광선 아래에서도 선명한 화면을 구현해야 하므로

실외 LED 전자 현수막, 신보령 발전 본부, 11m×1.5m

4,000~8,000nit의 (초)고휘도[3] LED 디스플레이 기술을 채택해야 한다. 여기에 난반사 방지 필름과 주변 밝기에 따라 자동으로 화면 밝기를 조절하는 기술을 더해 어떤 조명 조건에서도 최적의 가시성을 확보한다.

다양한 기상 조건을 견딜 수 있는 내후성weather proof 설계도 필수적이다. IP45 또는 IP65 등급의 방수방진 인증을 받아야 하며 온습도를 실시간으로 감지하고 조절하는 냉각 시스템을 갖춰야 한다. 특수 강화유리, 잠금장치, 전면 개폐형 함체 등으로 사이니지를 보호하는 것도 중요하다.

---

3) 휘도luminance, 輝度는 디스플레이가 내는 빛의 밝기를 나타내며 단위로는 nit(니트) 또는 cd/㎡(제곱미터당 칸델라)를 사용한다. TV나 스마트폰 화면에서 나오는 빛의 양을 측정할 때 사용하며, 수치가 높을수록 화면이 더 밝게 빛난다. 여기서 cd(칸델라)는 광도luminous intensity, 光度의 단위로 빛의 세기를 측정하는 기본 단위이며 1cd는 촛불 하나가 내는 빛의 밝기를 의미한다.

안전 역시 매우 중요한 요소다. 실외에 스탠드형으로 설치한다면 강한 바람에도 흔들리거나 쓰러지지 않도록 지주식으로 단단히 고정해야 하며, 건물 옥상이나 외벽에 설치할 경우 낙하 사고를 방지하는 안전 대책이 필요하다. 가능하다면 건축 단계에서부터 사이니지 설치를 고려하면 가장 좋지만, 기존 건물에 추가할 경우에는 적절한 보강 작업이 필요하다.

실외 LED 사이니지, 단양역 관광 안내 홍보시설, 2.5m×2m

실외 LED 전광판 설치 공사

실외 사이니지에는 LCD 기술이 적합하지 않다.[4] 대부분의 LCD 디스플레이는 최대 휘도가 700nit에 불과하여 최소 2,500~3,000nit가 요구되는 실외 환경에서는 화면이 잘 보이지 않기 때문이다. 또한 LCD 는 일반적으로 방수 기능이 부족해 비나 습기에 취약한 문제점이 있다.

실외 사이니지의 성공적 구현은 단순히 화려한 디스플레이를 설치하는 것 이상의 복잡하고 다면적인 과정이다. 견고한 디스플레이 보호, 안전한 설치, 효율적인 유지 보수, 안정적인 전원 및 네트워크 공급, 도시 경관과의 조화, 에너지 효율성, 환경 영향 등 사회적 책임까지 두루 고려해야 한다.

최근에는 밤하늘의 빛 공해 감소를 위한 조명 제어 기술, 태양광 패널을 활용한 친환경 전원 공급 방식, 재활용 가능한 소재 사용 등, 환경을 생각하는 기술들이 적극적으로 적용되고 있다. 이러한 기술을 효과적으로 활용하기 위해서는 초기 기획 단계에서부터 설치, 운영, 추가 업그레이드까지 고려한 장기적이고 체계적인 접근이 꼭 필요하다. 이와 같은 종합적 접근을 통해 실외 사이니지는 도시의 효율적인 정보 전달 체계로 성장할 것이다.

---

[4] 2,500nit의 고휘도 LCD가 생산되지만, 실외에서 싱글형으로만 가능하며 멀티형으로 쓰지 않는다.

4. 상호 작용 가능성에 따른 구분

◈ 단방향 사이니지

단방향 사이니지one-way signage는 정보를 일방적으로 전달하는 유형이다. 불특정 다수에게 메시지를 전달하는 데 주로 활용되며, 옥외 전광판이 대표적인 예다. 사용자와의 상호 작용이 없으므로 비대면 환경에서도 효과적으로 정보를 전달할 수 있어 코로나19 팬데믹 기간에 의료기관과 공공기관에서 그 활용도가 증가했다.

가장 큰 장점은 사용과 관리가 간편하다는 것이다. 복잡한 조작 없이도 신속하고 정확하게 정보를 전달할 수 있어 공항, 병원, 대중교통 등 빠른 정보 업데이트가 필요한 환경에서 유용하다.

실내 LED 디스플레이, 대구교통공사, 3,600mm×2,362.5mm

예를 들어 공항에서 비행기 출발 시간이나 게이트 변경과 같은 실시간 정보를 즉각적으로 전달할 수 있다.

단방향 사이니지는 명확하고 신속한 정보 전달이 가능하지만, 사용자로부터 직접적인 피드백을 받을 수 없어 고객의 요구사항이나 의견을 즉각적으로 반영하기 어렵다는 단점이 있다. 따라서 사용 목적과 환경을 고려한 설계가 중요하며 상황에 따라 다른 형태의 디지털 사이니지와 함께 운영하는 것도 검토할 수 있다.

◆ 양방향 사이니지(인터랙티브 사이니지)

양방향 사이니지two-way signage는 사용자와의 상호 작용이 가능한 유형이다. 대화형 사이니지 또는 인터랙티브 사이니지interactive signage로도 불린다.

이러한 양방향 사이니지의 등장으로 사용자들은 더 이상 수동적으로 정보를 받아들이는 시청자에 머물지 않는다. 직접 원하는 정보를 탐색하거나 QR 코드 등으로 세부 정보를 얻는 능동적인 참여자로 변모했다. 이는 디지털 사이니지가 사용자 중심의 상호 작용 플랫폼으로 발전했음을 보여준다. 양방향 사이니지는 크게 접촉형과 비접촉형으로 나뉜다.

접촉형의 대표적 예시인 키오스크형 사이니지kiosk type signage는 터치스크린을 통해 간편한 조작이 가능하다. 사용자는 쉽게 정보를 검색하고

키오스크형 사이니지, 한독의약박물관, 55인치

서비스를 이용할 수 있어 참여도와 만족도가 높으며 공항의 셀프 체크인, 병원의 접수 및 예약 시스템, 식당의 테이블 오더 등에서 폭넓게 활용된다.

비접촉형은 센서나 카메라로 사용자의 행동을 인식하거나 특정 상황에 반응한다. 모션 센서로 지나가는 사람의 움직임을 감지해 정보를 표시하거나, 얼굴 인식 기술로 맞춤형 광고를 제공하는 등 다양한 방식의 상호 작용을 구현한다. 특히 공공장소나 대형 상업 시설에서 수요가 높으며, 코로나19 팬데믹 이후 접촉에 대한 위생 우려가 커지면서 그 활용도가 확대되었다.

양방향 사이니지는 고객 참여 강화와 브랜드 인지도 향상에 매우 효과적이다. 무인 서비스 운영으로 인건비를 절감하고 24시간 서비스 제공이 가능하며 전반적인 운영 효율성도 높일 수 있다. 또한 앞으로는 AI, IoT, AR, VR 등 첨단 기술과 결합하여 더 진화할 것으로 기대된다.

5. 디스플레이 방식에 따른 구분

◈ 3D 사이니지

3D 사이니지3D signage는 입체감 있는 영상을 구현하는 디지털 디스플레이 기술로 2D 방식보다 우수한 메시지 전달력을 보여준다. 강렬한 시각적 효과와 고품질 영상을 통해 사용자의 기억에 깊이 각인되며 운영자와 사용자 간 소통 방식에 새로운 가능성을 열어준다는 점에서 차세대 디지털 사이니지를 대표할 기술로 손꼽힌다.

2017년 8월, 뉴욕 타임스퀘어에서 공개된 코카콜라의 초대형 3D 광고가 세계적 화제를 모았다. 1,760개(21m×13m)의 LED 모듈로 제작된 이 광고는 마치 광고판이 살아 움직이는 듯한 착각을 불러일으켰다. 이러한 혁신적인 시도는 '세계 최대 3D 로보틱 옥외 광고'와 '세계 최초 3D 로보틱 옥외 광고'라는 두 가지 타이틀로 기네스북에 등재되었다. 2020년에는 서울 코엑스 K-pop 광장에서 선보인 '웨이브(WAVE)' 영상이 세계적인 화제를 모았다. 실감 나게 연출된 파도 영상은 뛰어난 시각 효과로 물이 실제로 쏟아질 것 같은 현실감을 선사하며 큰 호평을 받았다.

3D 로보틱 사이니지, 코카콜라 광고, 타임스퀘어, 2017

아나모픽 사이니지, 미디어 아트 '웨이브', 코엑스 K-pop 광장, 2020

이 두 사례는 모두 3D 사이니지로 불리지만, 기술적으로는 다른 방식을 사용한다. 코카콜라 광고는 3D 로보틱 사이니지3D robotic signage로 LED 모듈 각각에 모터를 장착해 개별 제어가 가능한 무빙 시스템을 구축했다. 각 모듈은 동력에 의해 미리 설계된 값에 따라 전진하거나 후진하면서 웅장하고 역동적인 움직임을 만들어낸다. 화면 자체가 움직이면서 입체감 있는 콘텐츠를 보여주기 때문에 주목도가 높고 광고 효과가 뛰어나지만, 초기 설치와 운영에 상당한 비용이 든다. 우리나라에서는 2022년, 서울 동대문의 맥스타일 쇼핑몰 외벽에 LED 모듈 936개(12.75m×17.63m)를 사용한 3D 로보틱 사이니지가 첫선을 보였다.

반면 코엑스의 웨이브는 3D 아나모픽 사이니지3D anamorphic signage로 미디어 아트적 성격이 강하다. '3D 아나모픽'이란 특정 각도에서 3차원 공간이 존재하는 것 같은 착시 현상을 이용하는 기법이다. 원근감과 왜곡으로 평면 화면을 곡면처럼 보이게 하는 것이다. 거리 예술이나 벽화에서 건물 외벽이 휘어져 나오는 듯한 착시나 거대한 물체가 공중에 떠 있는 것 같은 착시 효과가 대표적이다. 코엑스의 웨이브는 이러한 3D 아나모픽 기법을 디지털 사이니지에 적용해 미디어 아트적 성격을 강화했다.

3D 아나모픽 사이니지는 기존 LED 디스플레이에 착시 현상을 유도하는 콘텐츠만 개발하면 되므로 구축이 용이하다. 이러한 장점 덕분에 도심 광장, 대형 쇼핑몰, 전시회, 미술관, 박물관 등 유동 인구가 많은 장소에서 다양하게 활용된다. 최근에는 건물의 전면과 측면을 L자로

감싸는 곡면 디스플레이curved display로 착시 효과를 극대화하는 사례가
많아졌다.

3D 사이니지의 성공 여부는 결국 콘텐츠의 질에 달려 있다. 어떤
기술을 사용하든 대중의 시선을 사로잡는 참신하고 매력적인 콘텐츠가
없이는 그 가치가 떨어진다. 따라서 3D 사이니지를 도입한다면 시각적
완성도가 높고 강렬한 인상을 줄 수 있는 콘텐츠 개발이 필수적이다.

◈ 미디어 파사드

미디어 파사드media facade는 건물 외벽 등을 거대한 스크린으로 활용하
는 기술이다. LED 디스플레이와 조명 기술로 다양한 미디어 콘텐츠를
구현하며 도시 경관에 생동감을 더한다. 도시의 축제나 특별 행사에서
분위기를 고조시키는 데 주로 쓰이나 광고나 브랜드 홍보 수단으로도
활용되어 디지털 사이니지의 한 형태로 볼 수 있다.

또한 실시간 뉴스나 날씨 정보 전달 등 실용적 가치도 지닌다. 최근에는
모바일 기기나 터치스크린을 통해 시민들이 건물 외관과 직접 소통하는
대화형 경험을 제공함으로써 도시 공간과 시민들을 연결하는 새로운
소통 플랫폼으로 확장되고 있다.

세계적으로 유명한 사례로는 두바이의 부르즈 할리파와 시드니의
오페라 하우스를 들 수 있다. 세계 최고층 빌딩인 부르즈 할리파는

시드니 오페라 하우스의 미디어 파사드 (출처: theculturetrip)

웅장한 조명 쇼와 광고 캠페인으로 도시의 랜드마크가 되었으며, 시드니 오페라 하우스는 건물 전체를 디지털 캔버스로 활용해 생동감 넘치는 미디어 아트를 선보이며 도시의 브랜드 가치를 높이고 있다.

우리나라는 2004년 서울 갤러리아 백화점을 시작으로 서울스퀘어, DDP(동대문 디자인 플라자) 등 주요 건물들이 잇따라 미디어 파사드를 도입했다. 매년 크리스마스 시즌, 신세계 백화점 외벽에 펼쳐지는 화려한 미디어 쇼는 서울의 명소가 되었다. 최근에는 도심 건물뿐 아니라, 역사 문화 유적지나 지역 관광지까지 영역을 넓혀가고 있다.

기술 발전과 함께 끊임없이 진화하는 미디어 파사드는 21세기 건축의 새로운 트렌드로 부상하고 있다. 다채로운 시각적 효과로 도시의 고유한 아이덴티티를 형성하고, 새로운 랜드마크를 만들어내는 데 큰 역할을 한다. 이처럼 미디어 파사드는 예술, 기술, 건축이 결합한 현대 도시의 새로운 상징으로 자리매김하며, 미래 지향적인 도시 환경을 창출하는 중요한 매체로 주목받고 있다.

◈ 맞춤형 사이니지

맞춤형 사이니지customized signage는 고객의 구체적인 요구와 특성을 반영해 제작되는 유형이다. 독창적인 외관이 필요하거나 특정 장소를 명소화하고자 할 때 주로 활용된다. 차별화된 디자인과 감성적 접근으로 강렬한 인상을 남기며, 이를 통해 브랜드 가치를 부각하고 공간의 매력도를 높인다. 이러한 특징은 지속적인 고객 관계 구축에도 효과적이다.

맞춤형 사이니지는 기존 디자인의 일부 요소만 수정하는 간단한 커스터마이징부터 완전히 새로운 형태의 사이니지를 제작하는 경우까지 다양한 스펙트럼을 가진다. 어느 쪽이든 최적의 효과를 위해서는 세심한 기획과 정밀한 설계, 전문적인 설치 과정이 필수적이다. 이를 위해 디자인, 디스플레이 사양, 설치 위치 등 모든 요소를 신중히 고려해야 하며, 맞춤형 콘텐츠 전략과 효율적인 운영 방안도 함께 개발해야 한다.

맞춤형 사이니지는 LED 모듈 기술의 발전으로 그 가능성이 더욱 확장되었다. 이제는 단순한 정보 전달을 넘어 브랜드와 고객을 연결하는 독특한 소통 채널로 자리잡고 있다. 기술 발전과 수요 증가에 힘입어 앞으로는 브랜드만의 차별화된 아이덴티티를 더욱 창의적으로 표현하는 사례가 늘어날 전망이다.

리앙 위례 홍보관, 5,120mm×4,800mm

다양한 광고 영상이 재생되는 대형 옥외 전광판부터 실시간 교통 정보를 표시하는 도로변 안내판, 경기장의 선수 정보와 리플레이 영상을 보여주는 전광판, 호텔 로비를 화려하게 수놓는 미디어월media wall, 공항과 기차역의 탑승 정보 안내판까지, LED 디스플레이는 우리 일상 곳곳에서 쉽게 만나볼 수 있다.

LED 디스플레이(LED 전광판)는 'LED 모듈로 만드는 전광판'으로 사이니지 분야의 새로운 장을 여는 기술로 주목받고 있다. 가장 큰 특징은 설치 환경에 제약이 거의 없다는 점이다. 기존의 고정된 규격에서 벗어나, 원하는 형태와 크기로 LED 모듈을 이어 붙이는 방식이므로 실내외 어디든 공간의 형태에 맞춰 설치하거나 완전히 새로운 디자인으로 창작할 수도 있다. 이러한 유연성은 기존 사이니지의 한계를 넘어 다양한 환경에 최적화된 디스플레이 구현의 길을 열었다.

LED 디스플레이의 또 다른 강점은 실외 환경에서의 뛰어난 성능이다. 강한 햇빛 아래에서도 높은 밝기와 명암비로 선명한 화면을 구현한다. 또한 시야각이 뛰어나 어느 각도에서 보아도 색상 왜곡이 거의 없이 일관된 화질을 보장해 시인성이 뛰어나다. 이러한 특성은 대중교통 표지판, 고속도로 안내판, 공연장 무대 장식 등 다양한 환경에서 빛을 발한다.

특히 주목할 만한 점은 LED 디스플레이의 베젤리스 디자인이다. 화면 간 이음새가 없어 마치 한 장의 거대한 캔버스처럼 매끄럽고 몰입감 넘치는 영상 경험을 제공한다. 베젤리스 디자인은 여러 디스플레이를 연결해도 끊김이 없는 일체감을 유지할 수 있어 대형 디지털 사이니지 프로젝트나 예술적 영상 설치에도 최적화되어 있다.

최근 LED 디스플레이는 공간의 예술적 가치를 높이는 미디어로 주목받고 있다. 미디어월로 불리는 대형 LED 스크린이 이러한 변화를 주도한다. 유동 인구가 많은 지역이나 주요 이동 경로에 설치된 미디어월은 창의적인 콘텐츠를 생동감 있게 표현하며, 평범한 공간을 독특하고

홈플러스 인천 연수점, 7,680mm×3,360mm

매력적인 장소로 탈바꿈시킨다. 미디어 아트 전시에서도 LED 디스플레이가 적극 활용되어 관람객들에게 새롭고 흥미로운 시각적 경험을 선사하며, 현대 도시 경관에 예술적 생동감을 더하고 있다.

이러한 효과를 극대화하기 위해서는 두 가지 요소가 중요하다. 하나는 공간의 특성과 목적에 맞는 맞춤형 콘텐츠 기획이고, 다른 하나는 이를 완벽하게 구현할 수 있는 기술력이다. 이 두 요소가 조화롭게 결합할 때, LED 디스플레이가 공간을 변화시키는 강력한 미디어 플랫폼으로 그 진가를 발휘할 수 있다.

이상 LED 디스플레이의 다양한 특징과 활용 사례를 이해하는 데 있어 한 가지 덧붙이자면, 현재 사이니지 업계에서는 LCD 기반 제품을 디지털 사이니지로, LED 디스플레이를 독립적인 영역으로 구분하는 경향이 있다. 하지만 사실 이 둘은 모두 디지털 사이니지라는 큰 범주 안에 속한다. 다만 LED 디스플레이가 독특한 설치 방식, 크기의 유연성, 실외에서의 뛰어난 성능 등에서 차별화되어 마케팅 측면에서 독자적인 영역으로 취급되는 것이다. 이러한 구분은 LED 디스플레이만의 특장점과 활용 가능성을 소비자들에게 더 명확히 인식시키는 효과가 있다.

◈ LED 디스플레이 vs. 멀티비전

LED 디스플레이와 멀티비전은 여러 화면을 조합해 대형 디스플레이를 구성한다는 점에서 유사해 보일 수 있지만, 실제로는 그 방식과 성능 면에서 상당한 차이가 있다.

■ 화면 구분선의 유무

- LED 디스플레이: 베젤리스 디자인으로 화면 구분선이 없어 끊어짐 없이 부드럽고 자연스러운 화면 구현
- 멀티비전: LCD 패널의 베젤이 만드는 화면 구분선으로 화면이 분절되어 보임

■ 시인성과 활용도

- LED 디스플레이: 뛰어난 밝기와 높은 명암비로 실내외 모든 환경에서 선명한 화질 유지, 넓은 시야각 제공
- 멀티비전: 실외용으로 밝기가 부족해 주로 실내 사용에 국한되며,

밝은 환경에서 시인성이 떨어질 수 있음

■ 적용 범위와 확장성
  - LED 디스플레이: 옥외 전광판, 미디어 파사드 등 다양한 환경에
적용 가능, 크기와 형태에 제한이 없어 유연한 설치 가능
  - 멀티비전: 주로 실내 공간에 한정되며, 평면 형태의 설치가 일반적

■ 공간 활용도
  - LED 디스플레이: 공간을 구성하는 요소로 작용, 곡면형flexible type,
띠형(라인형)line type, 기둥형pillar type 등 다양한 구조에 적용 가능
  - 멀티비전: 공간에 더해지는 요소로, 주로 평면으로 벽부형이나
스탠드형으로 설치

곡면형 LED 디스플레이, 케이비텍, 4,320mm×840mm

띠형(라인형) LED 디스플레이, DDP 쇼룸, 29,440mm×160mm

■ 에너지 효율성 및 내구성

- LED 디스플레이: 낮은 전력 소비, 높은 내구성, 긴 수명으로
안정적 운영 가능

- 멀티비전: LED 디스플레이에 비해 상대적으로 전력 소비가 높음

■ 유지 보수의 용이성

- LED 디스플레이: 모듈식 구조로 문제 발생 시, 해당 부분만 간단히
교체 가능

- 멀티비전: 개별 패널 문제 시, 전체 시스템에 영향을 미칠 수 있으며
수리 과정이 더 복잡함

구분	LED 디스플레이	멀티비전
패널 종류	LED 모듈	LCD 패널
설치 방식	무제한 맞춤형, 곡면 설치 가능	제한적 맞춤형, 곡면 설치 불가능
밝기(실내용)	600~1,500nit	500~700nit
밝기(실외용)	4,000~8,000nit	사용하지 않음
명암비	5,000:1	1,000:1~3,000:1
베젤	없음	있음(0.88~2.6mm)
시야각	160° 이상	140°~180°
평균 소비전력	낮음	보통
도입 비용	높음	합리적

7. 특수 목적형 사이니지

 디지털 사이니지는 광고나 엔터테인먼트 외에 공익이나 사회적 가치를 창출하는 특별한 목적으로도 활용된다. 교육과 업무 환경에서 원활한 소통을 지원하는 전자칠판, 사회적 기부 문화를 확산시키는 기부 키오스크, 그리고 디지털 격차 해소에 기여하는 교육용 키오스크가 대표적이다.

▣ 전자칠판
 전자칠판은 기존의 칠판이나 화이트보드를 디지털화한 대화형 디스플레이로 교육, 프레젠테이션, 회의 등에서 커뮤니케이션과 협업을 향상하는 데 주로 활용된다. 터치스크린으로 사용자가 직접 글을 쓰거나 그림을 그릴 수 있으며, 멀티미디어 콘텐츠를 지원하여 이미지, 영상, 웹 링크 등을 쉽게 추가할 수 있어 학습과 업무의 효율을 크게 높인다.

전자칠판의 가장 큰 장점은 다양한 디지털 기기와의 뛰어난 연결성이다. 교사나 발표자의 노트북 화면을 전자칠판에 즉시 공유하고, 참석자들은 각자의 태블릿이나 스마트폰으로 내용을 실시간 확인한다. 교실에서는 교사와 학생 간 실시간 피드백이 가능하며, 기업 환경에서는 여러 사용자가 동일한 프로젝트에 참여해 실시간 공동 작업을 진행한다. 특히 클라우드 서비스와의 연동으로 수업 자료나 회의록을 즉시 저장하고 공유할 수 있어 시간과 장소의 제약 없이 지속적인 협업이 이루어진다.

전자칠판

성남시 '나눔 명예의 전당', 멀티비전과 결합한 기부 키오스크

▣ 기부 키오스크

기부 키오스크는 사람들이 나눔 문화에 더 쉽게 동참하는 방식으로 개발되었다. 마치 커피를 주문하듯이 간단하게 기부 금액을 선택하고 신용카드로 결제할 수 있어 기부에 대한 심리적 장벽을 낮추는 데 큰 역할을 한다. 특히 영수증 발급과 인증 사진 촬영 기능으로 기부자에게 즉각적인 만족감을 제공하여 지속적인 기부를 촉진한다. 현재 주로 기업, 단체, 종교 기관, 의료 시설 등에 설치되어 호응을 얻고 있으며, 앞으로 더 많은 공공장소에 도입될 전망이다.

▣ 교육용 키오스크

교육용 키오스크는 '키오스크 사용법을 교육하는 키오스크'로, 디지털 소외 계층이 키오스크를 사용할 때 느끼는 두려움이나 거부감을 줄이기 위해 개발되었다. 키오스크 사용에 어려움을 겪는 노인이나 장애인 등 디지털 소외 계층을 주요 대상으로 하며, 초고령화 시대와 비대면 서비스의 확대에 따라 중요성이 날로 커지고 있다. 현재 행정복지센터, 노인복지관, 장애인복지관, 특수학교 등에 주로 설치되어 활용되고 있다.

이 키오스크는 터치스크린, 카드 리더기, 바코드 리더기, 영수증 프린터 등 실제 키오스크와 동일한 인터페이스를 갖춰 다양한 분야에서의 학습을 돕도록 설계되었다. 행정 서비스, 교통, 문화 시설 등 여러 분야의 튜토리얼을 제공해 사용자가 원하는 상황을 선택하여 반복 학습할 수 있게 한다. 이를 통해 일상에서 접하게 되는 키오스크의 다양한 기능을 체계적으로 익히고 활용 능력을 효과적으로 향상할 수 있다.

교육용 키오스크

이 외에도 AI를 활용해 맞춤형 진로를 추천하는 '진로 설계 키오스크', 마음 건강을 셀프 진단하는 '정신건강 진단 키오스크' 등 다양한 특수 목적을 위한 키오스크가 개발되고 있다. 이들은 각 분야에서 사회적 가치를 실현하며 공익과 생활 편의를 증진하는 도구로 자리매김하고 있다. 앞으로도 기술 발전과 사회적 요구에 따라 새로운 유형의 특수 목적형 키오스크가 지속적으로 등장할 것으로 기대된다.

인천국제공항
24시간 운영 환경에서 구현한 효율적 정보 전달

- 프로젝트명: 인천국제공항 제1터미널 스마트 미디어 시설 개선 사업
- 고객사: 인천국제공항공사
- 기간: 2020년 1월 1일 ~ 2020년 6월 30일
- 장소: 인천국제공항 제1터미널 (LEVEL 3/4/5)
- 규모: 디지털 사이니지 183대 설치

1. 프로젝트 개요

인천국제공항은 제1터미널의 시설 개선과 함께 공항 이용객에게 효율적인 정보 제공을 위해 디지털 사이니지를 새롭게 도입했다. 이 프로젝트는 노후 디스플레이를 철거하고 다양한 크기와 형태의 디스플레이를 새롭게 설치하며 정보 전달력과 공간 활용성을 강화하는 것을 목표로 했다.

설치된 디스플레이는 고해상도와 고내구성을 갖췄으며, 기존 CMS(콘텐츠 관리 시스템)와 완벽히 호환되어 운영 효율성을 높였다. 또한 공항이라는 특수한 환경을 고려한 맞춤형 작업 방식으로 진행되었다.

2. 기술적 도전과 솔루션

■ 24시간 운영 시설에서의 작업

인천국제공항은 24시간 무중단으로 운영되는 시설로 작업 중에도 공항 운영에 영향을 주지 않는 것이 가장 큰 도전이었다. 이를 해결하기 위해 철저히 공항 측의 보안 규정을 준수하며 작업 시간과 공정 계획을 세심하게 조율했다.

- 공항 운영 시간을 고려한 작업 구역 세분화와 작업 시간 관리
- 작업 전후 시설 점검을 통해 공항 시설물 손상 방지
- 야간 작업 중심의 일정 조정과 보안 승인 준수

■ 다양한 크기와 형태의 디스플레이 설치

프로젝트는 55~88인치의 사이즈가 다양한 디스플레이를 설치하는 작업으로 구성되었다. 천장형, 벽형 등 다양한 방식의 설치 환경에 적합한 솔루션이 요구되었다.

• 각 디스플레이의 설치 환경에 맞는 맞춤형 브라켓과 지지 구조물 설계
• 콘텐츠가 자연스럽게 연결되도록 디스플레이 정렬을 정밀하게 조정

■ 기존 CMS와의 완벽한 호환성 확보

새롭게 설치된 디지털 사이니지는 기존 CMS와 통합되어야 했다.

이를 위해 시스템 연동 과정에서 세밀한 검증을 진행했다.

• 디스플레이와 CMS 간 데이터 전송 체계를 최적화해 콘텐츠 송출의
안정성 확보
• 네트워크 보안 규정을 준수하며 시스템 통합 작업을 완료

3. 주요 성과

■ 대규모 디지털 사이니지 시스템 구축

총 183대의 디지털 사이니지를 성공적으로 설치했으며, 기존 디스
플레이 8대를 효율적으로 재활용했다. 55인치부터 88인치까지 다양한
크기의 고휘도 디스플레이를 통해 공항 내 모든 조도 환경에서 최적의
가시성을 확보했다. 특히 24시간 무중단 운영 환경에서도 완벽한
시공 품질을 달성한 점이 주목할 만하다.

■ 통합 운영 체계 확립

기존 CMS와의 완벽한 통합으로 183대 디스플레이의 중앙 제어가
가능해졌다. 실시간 모니터링 시스템을 통해 즉각적인 상태 확인과
문제 해결이 가능하며 보안 규정을 준수하는 강화된 네트워크 구성으
로 안정적인 운영 기반을 마련했다.

■ 공항 서비스 품질 향상

전략적으로 배치된 디스플레이는 여객 동선에 따른 최적의 정보
전달 체계를 구현했다. 특히 스트레치형, 멀티형 등 다양한 디스플레이

포맷을 활용해 공간별 특성에 맞는 맞춤형 정보 제공이 가능해졌으며 전체적인 공항 인테리어와의 조화로 공간 가치도 향상했다.

4. 시사점과 향후 과제

본 프로젝트는 공항이라는 특수 환경에서 대규모 디지털 디스플레이 설치의 가능성을 보여준 사례다. 24시간 운영과 보안 규정을 준수하며 성공적으로 작업을 완료한 경험은 향후 공항뿐 아니라 유사한 환경에서 진행되는 프로젝트에 중요한 참고 자료와 실행 모델이 될 것이다.

향후 과제로는 공항과 같은 대규모 시설의 실시간 운영 데이터를 활용한 디스플레이 최적화가 꼽힌다. 더 스마트한 CMS를 통해 비행 일정이나 이용객 정보를 더욱 정확하고 직관적으로 제공하는 기능이 필요하며 에너지 효율적 설계와 유지 보수 비용의 절감을 위한 장기적인 기술 혁신이 필요하다.

Chapter 03
디지털 사이니지의 구성 요소

현대 도시 풍경에서 디지털 사이니지는 빼놓을 수 없는 요소가 되었다. 거리를 걷다 보면 어느새 화려한 영상과 생동감 넘치는 이미지들이 시선을 사로잡는다. 이러한 눈부신 외관 뒤에는 놀랍도록 정교하고 복잡한 시스템이 작동하고 있다. 수많은 기술적 요소가 어우러져 우리에게 강렬한 시각적 경험을 선사하는 것이다. 이 장에서는 디지털 사이니지의 화려함 뒤에 숨겨진 기술의 세계를 탐구해 보고자 한다.

1. 하드웨어(1) : 디스플레이?

디지털 사이니지는 시각적 메시지로 소통하는 첨단 시스템이다. 하드웨어는 이 시스템의 기반이며, 그중에서도 디스플레이는 사용자가 가장 먼저 마주하는 접점이다. 디스플레이의 성능과 품질은 전체 시스템의 효과와 신뢰성, 사용자 경험을 결정짓는 주요 요소다.

◆ 디스플레이: 디지털 사이니지의 얼굴

디스플레이는 디지털 사이니지의 '얼굴'이다. 얼굴이 사람의 첫인상을 좌우하듯 디지털 사이니지 시스템에서 디스플레이의 사양, 구성, 운영은 전체 시스템의 안정성과 효과를 좌우하는 결정적 요소가 된다. 실제로 디스플레이 기술의 발전은 디지털 사이니지 산업의 성장과 밀접한 관계를 맺고 있다. 특히 2000년대 중반 이후, 급속도로 발전한 디스플레이 기술은 디지털 사이니지 산업 전체의 도약을 이끌었다.

▣ LCD와 LED: 오해와 진실

먼저 LCD와 LED에 대한 흔한 오해를 바로잡을 필요가 있다. LCD_{Liquid Crystal Display}, 즉 '액정 디스플레이'는 액정液晶을 이용한 평면 디스플레이 기술이다. LCD는 자발광self-lit, 自發光하지 않기 때문에 백라이트가 빛을 제공하면 액정이 그 빛의 투과량을 조절하는 방식으로 작동한다. 초기 LCD는 백라이트로 CCFL_{Cold Cathode Fluorescent Lamp, 냉음극}

관[5])을 사용했지만, 이후 LED를 적용하면서 색 재현력, 선명도, 에너지 효율성이 크게 향상되었다.

	LCD		LED
뜻	액정 디스플레이		발광 다이오드
기술 분야	디스플레이		반도체 소자
단위	디스플레이 패널		LED 소자(LED 칩)
백라이트	CCFL	생산 종료	필요 없음(자체 발광)
	LED	현재 생산 중, LED 모니터로 통칭	
주요 용도	TV, 모니터, 스마트폰, 실내 사이니지 등		조명, 디스플레이의 구성 요소

이에 반해 LED Light Emitting Diode는 전류를 받아 빛을 내는 '발광 다이오드'를 의미할 뿐, 그 자체로는 디스플레이 기술이 아니다. 그러나 제조사들이 향상된 화질을 강조하기 위해 마케팅 전략으로 LED라는 용어를 전면에 내세우면서 소비자들 사이에 LCD와 LED가 완전히 다른 유형의 디스플레이라는 오해가 생겼다. 하지만 실제로 LED TV, LED 모니터라 불리는 제품들은 'LED 백라이트를 사용한 LCD LED-backlit LCD', 즉 LCD의 한 종류이다.

▣ 산업용 패널: 더 강한 디스플레이

소매 매장이나 관공서 등에 설치된 중소형 사이니지를 보고 일반

---

5) CCFL을 백라이트로 사용한 LCD는 현재 생산되지 않는다.

모니터에 콘텐츠를 재생한다고 오해하는 경우가 간혹 있다. 또는 가지고 있는 모니터를 활용해 사이니지를 구현할 수 있는지 궁금해하기도 한다. 외형이 상당히 비슷하지만, 스마트 TV나 컴퓨터 모니터는 가정용과 사무용으로 설계되어 디지털 사이니지로 사용하기에는 필요한 기능을 충족하지 못한다.

디지털 사이니지는 가정용, 사무용의 일반 디스플레이와 다른 '산업용 패널'6)을 사용한다. 산업용 패널은 디지털 사이니지 수요가 증가하고, 때마침 일반 디스플레이 시장의 포화를 감지한 제조사들이 상업 및 산업용 시장에 주목하면서 급속하게 발전했다. 현재 산업용 패널은 사이니지를 비롯해 의료 기기, 관제 시스템, 공장 자동화 등 여러 산업 분야에서 사용되고 있다. 산업용 패널의 주요 특징은 다음과 같다.

- 높은 밝기: 일반 디스플레이보다 훨씬 밝아 야외나 밝은 실내에서도 선명한 화면을 제공한다.
- 내구성: 열악한 환경에서도 견딜 수 있도록 설계되어 더 오랜 시간 사용할 수 있다.
- 24/7 작동: 쉬지 않고 지속적으로 작동할 수 있도록 설계된다.
- 긴 수명: 일반 디스플레이에 비해 수명이 훨씬 길다.

정리하자면 산업용 패널은 까다로운 환경에서도 안정적으로 작동하는 '더 강한 디스플레이'라 할 수 있다. 이처럼 더 밝고, 더 견고하며,

---

6) 초기에는 LCD와 PDP가 모두 생산되었으나 현재는 LCD만 생산되고 있다. 따라서 현재 사이니지에 사용되는 산업용 패널은 LCD 패널이다.

쉬지 않고 작동하고, 수명이 긴 산업용 패널은 소매 매장, 공공장소, 교통 시설 등 다양한 환경에서 사용되는 디지털 사이니지에 이상적인 디스플레이다.

구분	일반 디스플레이	산업용 패널
용도	개인용, 사무용 TV 시청, 컴퓨터 작업 등	상업 및 산업용 공공 안전, 광고 및 정보 콘텐츠 송출
밝기	250~350nit	실내용 350~700nit 옥외형 2,500~3,000nit
내충격성	보통(충격에 민감하여 보호 필요)	강함(충격과 진동에 강한 내구성 설계)
내후성	낮음 온습도, 먼지, 진동에 취약	매우 높음 온습도, 먼지, 진동 등에 견디도록 설계
냉각 시스템	기본적인 통풍으로 가능	과열 방지를 위해 팬, 히트싱크 등 필요
재생 시간	하루 8시간 사용 기준	장시간 연속 사용에 최적화
제어 방식	리모컨 컨트롤	USB, PC, 네트워크 연결을 통한 제어
기능성	사용자 경험과 편의성 중심	안정성, 효율성, 실용성을 우선

◆ LCD: 가장 안정적이고 믿음직한 디스플레이

LCD는 디지털 사이니지 시장에서 가장 널리 사용되는 디스플레이다. 무난하고 안정적인 성능 덕분에 다양한 용도로 활용되고 있으며, 특히 실내 환경에서 진가를 발휘한다. 7인치부터 98인치까지 다양한 크기로 제공되며, 스탠드형, 부착형, 싱글형부터 멀티형까지 다양한 형태로 설치할 수 있다.

LCD의 가장 큰 강점은 균형 잡힌 성능이다. 선명한 화질과 우수한 색 재현력을 갖추었으며, 설치가 용이하고 장시간 사용해도 품질이 안정적이다. 필요에 따라 터치스크린 기능을 추가해 키오스크형 사이니지로도 사용할 수 있다. 특히 비용 대비 성능이 뛰어나 예산이 제한된 프로젝트나 대규모 설치에 적합하다. 다만 실외 사용에는 밝기가 부족하고, 멀티비전 구성 시 베젤로 인한 화면 분할선이 발생하는 한계가 있다.

이러한 특성과 장단점을 고려할 때, LCD는 디지털 사이니지 시장에서 가장 실용적인 선택지로 꾸준히 선호되고 있다. 실내 상업 공간, 소규모 매장, 공공기관 등 중소 규모 비즈니스 환경에서 수요가 이어질 전망이다.

◈ LED: 시각적 즐거움의 무한한 가능성

LED 디스플레이의 탁월한 밝기, 넓은 시야각, 설치 유연성 등 여러 장점에 관해서는 앞서 'Chapter 02의 6. LED 디스플레이'에서 자세히 설명했다. 기술적으로 이러한 장점들은 모두 다이렉트뷰 LED$_{DVLED:}$ $_{Direct\ View\ LED}$에서 비롯된다. 이 기술은 개별 LED 소자$_{LED\ component}$가 자발광하는 방식으로, 별도의 패널 없이 직접 빛을 방출하기 때문에 뛰어난 화질과 성능을 제공할 수 있다.

▣ LED 소자부터 디스플레이까지

LED 디스플레이는 여러 단계를 거쳐 제작된다. LED 소자라는 가장 작은 구성 요소를 시작으로 픽셀, 모듈, 캐비닛 순으로 조립되며 단계마다 크기와 기능이 확장되어 대형 디스플레이로 완성된다.

LED 소자 〈 픽셀 〈 모듈 〈 캐비닛 〈 디스플레이

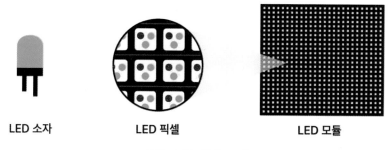

LED 소자   LED 픽셀   LED 모듈

LED 소자, 픽셀, 모듈

▣ LED 소자

LED 소자는 LED 칩LED chip을 보호하면서 빛을 효과적으로 방출하도록 설계된 패키지 형태의 부품이다.[7] 아주 미세한 크기지만 전류가 흐르면 강한 빛을 발산한다.

이러한 LED 소자들이 모여 하나의 LED 모듈을 구성하고, 이 모듈들이 다시 조합되어 다양한 모양과 크기의 LED 디스플레이를 만들어낸다.

---

7) 편의상 LED 소자를 LED 또는 LED 칩으로 부르기도 한다.

▣ LED 픽셀

LED 픽셀LED pixel은 빨강(R), 초록(G), 파랑(B) 세 색상의 LED 소자를 결합한 단위다. 이 RGB LED 소자들은 극히 좁은 간격으로 배열되어 사람의 눈에는 하나의 색상 점으로 보인다. 이 색상 점들이 수천, 수만 개 모여 화면을 이루며, 각각의 색상 점이 표현하는 다채로운 색상과 밝기가 어우러져 생동감 넘치는 이미지를 만들어낸다.

나란히 배치된 두 픽셀의 중심점 사이 거리를 픽셀 피치pixel pitch라고 한다.[8] 픽셀 피치는 LED 디스플레이의 해상도와 화질을 결정하는 요소로 'P'로 표기하며, 단위는 밀리미터(㎜)를 사용한다. P값이 작을수록 픽셀이 더 조밀하게 배열되어 선명한 화질을 구현한다. 용도별로 적합한 픽셀 피치가 다른데, 예를 들어 원거리 시청용인 대형 옥외 전광판은 상대적으로 큰 피치를, 근거리 시청용 실내 디스플레이는 작은 피치를 사용한다.

▣ LED 모듈

LED 모듈LED module은 다수의 LED 칩을 PCBPrinted Circuit Board 기판(인쇄 회로 기판)에 촘촘히 배열한 디스플레이 단위다. 이 모듈들을 마치 레고 블록처럼 이어 붙이면 다양한 크기와 형태의 디스플레이를 구현할 수 있다.

모듈화는 LED 디스플레이의 제작과 운영을 효율적이고 간편하게

---

8) 픽셀을 도트dot, 픽셀 피치를 도트 피치dot pitch라고도 한다.

만드는 방식이다. 모듈 단위로 조립하므로 설치 과정이 까다롭지 않고, 운영 중에 고장이 발생해도 전체 디스플레이를 교체할 필요 없이 해당 모듈만 교체하면 되어 유지 관리가 편리하다. 더불어 전기 배선, 열 분산, 구조 안전성 등을 모듈 단위로 통합하여 대형 LED 시스템의 안정적 운영이 가능하다.

LED 모듈은 제작 방식에 따라 크게 DIP~Dual In-line Package~, SMD~Surface Mounted Device~, COB~Chip On Board~의 세 유형으로 구분된다.[9] DIP 모듈은 개별 LED 칩을 기판에 꽂는 방식이고, SMD 모듈은 LED 패키지를 기판 표면에 부착하는 방식이다. 가장 최신 기술인 COB 모듈은 개별 LED 칩을 기판에 직접 부착해 더 높은 해상도와 균일한 밝기를 구현한다.

용도별로 보면 실내에는 고해상도 구현이 가능한 SMD 모듈이, 실외에는 밝고 내구성이 뛰어난 DIP 모듈이 적합하다. COB 모듈은 해상도, 빛 균일도, 발열 관리 등에서 우수한 특성을 보이며 차세대 기술로 주목받고 있다.

---

9) 이 외에 SMD 모듈에 실리콘 글루를 적용해 떨어지지 않도록 보호하는 방식인 GOB~Glue On Board~ 모듈도 있다.

Dots in Place
(DIP)

Surface Mount Diode
(SMD)

Chip on Board
(COB)

LED 모듈 유형 (출처: LG전자)

구분	DIP 모듈	SMD 모듈	COB 모듈
픽셀 피치	큼	작음	매우 작음
해상도	낮음	높음	매우 높음
밝기	높음	중간	매우 높음
색상 균일성	보통	우수	매우 우수
내구성	높음	중간	높음
근거리 시청 적합도	낮음	높음	매우 높음
사용 환경	실외	실내	실내외 모두 가능

◼ 캐비닛

LED 디스플레이는 LED 모듈을 기본 단위로 한다. 하지만 얇은 기판에 LED 칩을 촘촘히 박은 LED 모듈만으로는 실제 설치와 운영에 어려움이 있다. 이러한 문제를 해결하기 위해 모듈을 캐비닛cabinet이라는 프레임에 장착한다.

캐비닛은 디스플레이의 구조적 완성도를 높이는 통합 프레임이다. LED 모듈뿐 아니라 SMPS_{Switching Mode Power Supply, 전원공급장치}, 전송 케이블, 비디오 카드 등 다양한 전자 장치를 포함한 종합적인 구조체로, 이 모든 요소를 하나로 묶어 물리적으로 지지하고 보호한다. 실외 환경에서는 방수방진 기능과 열 관리 시스템을 통해 내부 장치들을 외부 환경으로부터 보호하여 전체적인 내구성을 높인다. 이는 결과적으로 LED 디스플레이의 품질과 수명을 크게 향상시키는 요인이 된다.

캐비닛은 소재별로 각각의 장단점이 있어 설치 환경과 예산, 용도 등을 고려해 신중히 선택해야 한다. 실외 설치에 많이 사용되는 스틸 캐비닛은 튼튼하고 내구성이 뛰어나지만, 무겁고 부식에 취약하다. 알루미늄 캐비닛은 가벼우면서도 부식에 강해 실내외 모두에서 활용도

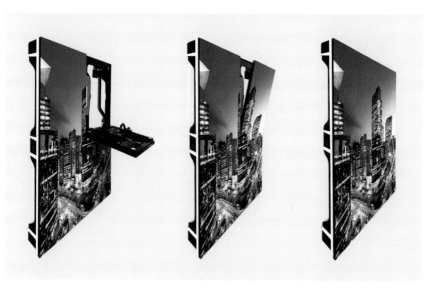

LED 모듈과 캐비닛의 결합

가 높고, 마그네슘 합금 캐비닛은 가볍고 단단해 운반과 설치가 용이하며 내구성도 뛰어나다. 최근 가장 선호되는 다이캐스트 알루미늄 캐비닛은 무게, 내구성, 정밀성, 방열성 등이 우수할 뿐 아니라, 곡면 디자인도 가능한 장점이 있다.

◈ 최신 디스플레이 기술과 디지털 사이니지

최근 디스플레이 시장에서는 해상도, 색감, 에너지 효율성 향상은 물론, 완전히 새로운 형태의 디스플레이 구현을 목표로 한 기술들이 속속 등장하고 있다. 동시에 이 분야의 연구 개발도 활발히 진행되며 미래 가능성이 확대되는 중이다. 이러한 발전은 우리의 일상과 환경에 큰 변화를 불러올 것으로 기대된다. 다음은 최근 주목할 만한 주요 기술들이다.

▣ OLED

OLED(Organic LED, 유기 발광 다이오드)는 백라이트 없이 유기물층이 자발광하는 방식이다. 백라이트 유닛과 액정이 없으므로 얇고 가벼우며, 명암비, 색 재현율, 응답 속도, 시야각 등 여러 면에서 LCD보다 뛰어난 성능을 제공한다. 또한 화면을 접거나, 구부리거나, 돌돌 말 수 있는 기술이 가능해 차세대 디스플레이 기술로 주목받고 있다. 하지만 LCD에 비해 상대적으로 수명이 짧고, 가격이 비싸다는 단점이 있어 개선이 필요하다.

현재 디지털 사이니지 분야에서 OLED는 가장 주목받는 기술이다.

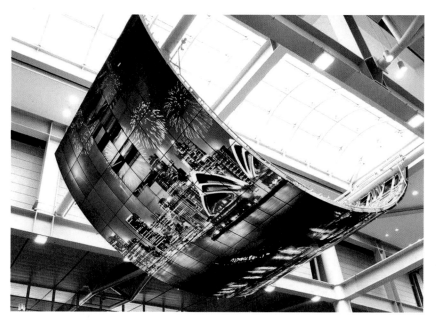

OLED 사이니지 (출처: LG전자)

무엇보다 높은 명암비와 넓은 시야각으로 실내외 어디서나 고품질 화면을 제공한다는 점이 매력적이다. 또한 곡면이나 투명 디스플레이 등으로도 제작할 수 있어 창의적인 구현이 가능하며 에너지 효율성도 높다. 다만 내구성과 수명 문제가 디지털 사이니지로서 한계로 작용한다. 특히 실외 환경에서는 유지 보수와 관련된 추가 비용이 발생할 수 있으므로 설치 목적과 환경을 신중히 고려해야 한다.

한편 QLEDQuantum dot LED라 불리는 제품도 있는데, 이는 OLED와 이름만 비슷할 뿐, 근본적으로 다른 기술이다. QLED는 퀀텀닷 필름 QDEF: Quantum Dot Enhancement Film을 백라이트로 사용하는 LCD 기반 디스플레이로 OLED와 달리 자발광하지 않는 구조다. OLED는 LG전자가, QLED는 삼성전자가 주력하고 있으며 디지털 사이니지에서도 각기 다른 방식으로 제품을 출시하고 있다.

QLED 사이니지 (출처: 삼성전자 뉴스룸)

▣ 마이크로 LED

마이크로 LED$_{\text{Micro LED}}$는 마이크로미터(㎛) 단위의 LED가 컬러필터 없이 자발광하는 차세대 디스플레이 기술이다. LED 소자의 크기가 매우 작아 픽셀 밀도를 크게 높일 수 있어 뛰어난 명암비와 화질을 구현한다. 번인$_{\text{burn-in}}$ 현상이 없고 수명이 길어 OLED의 한계를 보완할 수 있는 대안으로 평가받는다.

마이크로 LED는 디지털 사이니지 분야에서 잠재력이 크다. 밝기,

화질, 시인성, 내구성 등 전반적인 성능이 기존 LED 디스플레이보다 우수해, 장시간 동일한 이미지나 영상을 재생하는 환경에서 특히 빛을 발한다. 기술 개발과 상용화가 빠르게 진전되면서 일부 사이니지 제품이 출시되고 있으나, 높은 생산 비용과 대량 생산의 어려움으로 현재는 프리미엄 B2B 시장을 중심으로 보급되고 있다.

마이크로 LED 디스플레이 삼성 더월, CJ ENM, 30,720㎜×4,320㎜
(출처: 삼성전자 뉴스룸)

미니 LED mini LED는 기존 LED 백라이트를 소형화한 기술로 자발광하지 않는다는 점에서 마이크로 LED와 구별된다. 백라이트의 픽셀 밀도를 높여 명암비와 색 표현력을 향상한 기술로 고급 모니터와 TV 시장에서 활용도가 높다.

▣ 투명 디스플레이

투명 디스플레이는 유리처럼 투명한 화면을 통해 콘텐츠를 표시한다. 배경과 콘텐츠를 동시에 보여주는 투명성, 그 자체가 가장 큰 특성이자 장점이다. 이 기술은 현재 디지털 사이니지, 스마트 가전, 차량 내 디스플레이 등 다양한 영역에서 활용되고 있다.

디지털 사이니지 분야에서 투명 디스플레이는 정보 전달의 새로운 차원을 열었다고 할 수 있다. 이러한 특성은 디지털 사이니지 분야에서 창의적인 응용을 가능케 한다. 예를 들어 상점 진열창에서는 상품과 관련 정보를 동시에 보여주고, 박물관에서는 전시물과 함께 상세한 설명을 제공하는 일이 가능하다.

투명 비디오월, BMW 드라이빙센터, 55인치 투명 OLED 디스플레이 2단 3열
(출처: 삼성전자 뉴스룸)

기존 공간을 침해하지 않으면서도 정보를 전달할 수 있어 공간 활용성이 뛰어나며, 미래적인 외관으로 사람들의 이목을 사로잡는다.

투명 디스플레이는 높은 제작 비용, 대량 생산의 어려움, 일부 환경에서의 화질 제한과 내구성 문제 등이 해결해야 할 과제로 남아 있다. 특히 제한된 시야각으로 인해 밝은 야외에서는 가시성이 떨어진다. 기술이 발전하면서 이러한 제약들이 점차 극복될 것이며, 이에 따라 상업 시설, 교통, 의료 등 더 다양한 분야로 응용될 전망이다.

▣ 고해상도 디스플레이

고해상도 디스플레이 기술은 픽셀 밀도가 높은 화면을 통해 더욱 선명하고 세밀한 이미지를 제공하는 기술이다. 4K(3,840×2,160)나 8K(7,680×4,320)와 같은 고해상도는 고품질 영상과 이미지 콘텐츠의 재생을 가능케 하여 다양한 분야에서 시각적 몰입감을 증대한다. 이 기술은 방송, 영화, 게임 등 여러 분야에서 널리 활용되고 있다.

디지털 사이니지 분야에서 고해상도 디스플레이 기술은 정보 전달 효과를 크게 높인다. 지도나 그래프 같은 시각적 요소를 더욱 명확하고 생동감 있게 표현하여 사용자들이 필요한 내용을 쉽게 이해할 수 있도록 돕는다. 또한 고급스러운 이미지 연출이 가능해 호텔, 고급 매장, 전시회 등 다양한 환경에서 브랜드의 가치를 높이는 데 활용되고 있다. 이러한 시각적 효과는 브랜드 인지도를 높이고 소비자와의 상호 작용을 증진하며, 기업의 경쟁력 강화에도 기여한다.

다만 고해상도 디스플레이는 높은 제작 비용과 대용량 데이터 처리에 따른 시스템 부담이라는 과제가 있다. 특히 8K 콘텐츠는 고성능 하드웨어와 대규모 네트워크 인프라를 요구한다. 그럼에도 디스플레이 제조 기술과 하드웨어 성능의 발전으로 제작 비용이 차츰 감소하고 있으며, 이러한 기술적 한계를 극복하면서 활용 범위가 점차 확대되리라 전망한다.

2. 하드웨어(2): 디스플레이 이면의 기술들

화려한 디스플레이의 뒤에는 보이지 않는 기술의 세계가 숨어 있다. 우리 눈에 보이는 화면에 콘텐츠가 완벽하게 표시되기까지, 셋톱박스, 각종 센서와 주변 장치들이 복잡하게 작동한다. 이러한 보이지 않는 장치들이 콘텐츠를 정교하게 조율하여 전체 시스템의 원활한 운영을 가능케 한다.

◈ 셋톱박스: 콘텐츠 전달의 중개자

셋톱박스set-top box는 디지털 사이니지 시스템을 이루는 핵심 요소로 콘텐츠 관리와 배포를 효과적으로 수행하는 중요한 역할을 담당한다. 해외에서는 미디어 플레이어media player나 디지털 사이니지 플레이어digital signage player라 부른다. 작지만 강력한 이 장치는 CPU, 저장 장치, 메모리(RAM), 네트워크 인터페이스(Wi-Fi/LAN), USB 및 HDMI 포트 등 다양한 하드웨어 요소를 갖추고 있다. 여기에 운영체제(OS)와 사이니지 솔루션 요소가 탑재되어 콘텐츠 관리와 재생에 필요한 모든 기능을 제공한다.

최신 셋톱박스는 4K, 8K 등 고화질 콘텐츠의 원활한 재생은 물론, 다양한 화면 비율과 해상도를 지원한다. 멀티스크린 구성과 동시 제어 기능을 통해 여러 디스플레이를 하나의 화면처럼 활용할 수 있으며 복수의 콘텐츠를 동시에 재생하여 다채로운 시각적 표현이 가능하다. 또한 콘텐츠 동기화, 하드웨어 모니터링, 전원 및 네트워크 관리, 업데이트, 에러 로깅, 보안 관리 등의 기능을 통해 시스템의 안정적인 운영을 뒷받침한다.

셋톱박스는 사이니지 솔루션과 결합하여 더욱 효과적으로 작동한다. 이 조합은 다양한 콘텐츠를 효과적으로 전달할 수 있게 하며 디지털 사이니지 시스템의 성능과 활용도를 높인다.

▣ 컨트롤러와 프로세서

LED 디스플레이 시스템에서는 컨트롤러controller와 프로세서processor가 셋톱박스와 유사한 임무를 수행한다. 이 두 장치는 디스플레이의 원활한 작동을 위해 긴밀하게 협력한다.

프로세서는 컴퓨터의 CPU와 같은 역할을 한다. 관리자가 입력한 텍스트, 이미지, 동영상 등 다양한 콘텐츠를 해석하고 처리하여 디스플레이에 출력할 수 있는 형태로 변환한다. 이는 복잡한 멀티미디어 콘텐츠를

LED 디스플레이가 이해할 수 있는 간단한 신호로 바꾸는 과정이다.

컨트롤러는 프로세서가 처리한 데이터를 실제 화면에 구현하는 역할

을 담당한다. 정확한 시간에 적절한 색상과 밝기로 콘텐츠를 표시하도록 제어하며 LED 디스플레이의 세부적인 설정도 관리한다. 특정 부분을 켜고 끄거나 색상을 변경하는 것은 물론, 해상도 조정,

LED 디스플레이 컨트롤러

색상 보정, 밝기 제어 등 세부적인 작업도 수행한다.

대부분 경우, 컨트롤러와 프로세서는 하나의 장치로 통합되어 사용된다. 이 때문에 두 용어를 혼용하여 사용하는 경우가 많다. 그러나 초대형 디스플레이나 복잡한 시스템에서는 이 두 장치가 별도로 분리되어 각 장치가 더욱 정교한 제어와 고성능 데이터 처리를 수행할 수 있도록 한다.

이러한 컨트롤러와 프로세서의 조합은 LED 디스플레이 시스템의 성능과 화질을 결정짓는 핵심 요소다. 기술이 발전함에 따라 이들 장치의 성능도 지속적으로 향상되어 더욱 선명하고 역동적인 디스플레이 경험을 제공하고 있다.

◆ 4셋톱박스 운영체제(OS)

셋톱박스는 일종의 '미니 PC'로, 작동하려면 운영체제가 꼭 필요하다. 현재까지 이 분야에서 가장 널리 사용되는 운영체제는 윈도우와 안드로이드다. 이 두 운영체제는 각각 장단점이 있으므로 설치 환경과 사용 목적에 따라 적절하게 선택된다.

▣ 윈도우 vs. 안드로이드

윈도우 기반 셋톱박스는 디지털 사이니지 시장에서 오랫동안 중요한 역할을 해왔다. 윈도우의 가장 큰 장점은 사용자 친화적인 인터페이스다. 여기에 결제 시스템, 고해상도 콘텐츠 송출 등 프로그램 호환성이 뛰어나다는 점도 큰 장점으로 꼽힌다.

관리자들은 익숙한 환경에서 작업할 수 있다는 이점이 있다. 특히 전문적인 디자인 기술이나 도구 없이도 아래아한글이나 파워포인트 같은 일반 문서 프로그램만으로 콘텐츠를 제작하고 업데이트할 수 있어 운영 효율성과 편의성이 높다. 이러한 장점들 덕분에 윈도우 기반 셋톱박스는 기업 환경에서 널리 활용되며, 특히 인공지능형 키오스크 등 다양한 시스템과 호환이 필요한 경우 많이 사용된다.

윈도우 기반 셋톱박스의 가장 큰 단점은 높은 라이센스 비용이다. 셋톱박스 한 대마다 기기 비용과 별도의 라이센스 비용이 발생하기 때문에, 대규모로 운영하거나 예산이 제한적인 상황에서 상당한 비용 부담이 될 수 있다.

이러한 배경에서 디지털 사이니지 시장은 안드로이드 기반 셋톱박스에 주목하고 있다. 가장 주된 이유는 바로 가격 경쟁력이다. 오픈소스 운영체제인 안드로이드는 라이센스 비용이 들지 않기 때문에 셋톱박스 기기만 구매하면 된다. 덕분에 윈도우 기반 셋톱박스의 약 3분의 1 수준 가격으로 구매할 수 있어 비용 측면에서 매력적인 선택지라 할 수 있다. 초기에는 문서 프로그램이나 웹사이트 표시에서 일부 제한이 있었지만, 지금은 이런 문제들이 대부분 해결되어 사용성이 크게 개선되었다.

안드로이드 기반 셋톱박스는 또 다른 장점은 바로 더 안정적인 회로 구성이다. 이는 소매 매장에서 자주 발생하는 전원 관련 문제와 관련이 깊다. 예를 들어 매장 마감 시, 실수로 사이니지의 전원을 갑자기 차단하는 경우가 있다. 이런 상황에서 윈도우 기반 셋톱박스는 시스템 손상이나 데이터 손실 위험이 크지만, 안드로이드 기반 셋톱박스는 상대적으로 안전해서 기기의 수명과 안정성 측면에서 우위를 보인다. 이러한 장점으로 안드로이드 셋톱박스는 저렴하고 단순한 기능이 요구되는 비터치형 디스플레이, 광고 및 안내 정보 제공용 사이니지에 두루 활용되고 있다.

윈도우 기반 셋톱박스	안드로이드 기반 셋톱박스
• 사용자 친화적 인터페이스 • 뛰어난 프로그램 호환성 • 높은 라이센스 비용	• 높은 안정성 • 향상된 프로그램 호환성 • 라이센스 구매 불필요

현재 디지털 사이니지 시장은 안드로이드의 빠른 성장과 윈도우의 안정적 사용이 공존하는 상황이다. 디지털 사이니지 운영자 중 절반 이상이 가격 경쟁력이 뛰어난 안드로이드 기반 셋톱박스를 선택하는 한편, 윈도우 기반 셋톱박스 역시 사용자 친화적 인터페이스와 기존 시스템 호환성에 힘입어 꾸준한 수요를 유지하고 있다. 특히 삼성전자, LG전자처럼 고유 운영체제를 보유한 대기업들도 안드로이드 기반 제품을 출시하고 있다는 점이 주목할 만하다.

▣ 타이젠과 웹OS

전 세계 디스플레이 패널 시장을 주도하는 삼성전자와 LG전자는 각각 자체 개발한 운영체제인 타이젠$_{Tizen}$과 웹OS$_{WebOS}$를 주로 사용한다. 타이젠은 삼성전자가 인텔과 협력하여 개발한 리눅스 기반 운영체제로, 스마트TV, 웨어러블 기기, 디지털 사이니지 등 다양한 플랫폼을 지원한다. 웹OS는 원래 Palm이 개발했으나, 현재는 LG전자가 인수하여 주로 스마트TV와 디지털 사이니지 제품에 적용하고 있다.

최근 삼성전자와 LG전자는 SoC$_{System\ On\ Chip}$ 기술을 활용해 자체 운영체제를 내장한 사이니지 제품을 선보이고 있다. 이 제품들은 별도의 셋톱박스나 추가 전원이 필요 없어 외관이 깔끔하며 설치도 간단하다. SoC가 적용된 제품은 보통 제조사의 사이니지 솔루션과 함께 제공되며, 설치와 유지 보수가 용이해져 비용 절감 효과도 기대할 수 있다.

타이젠과 웹OS는 현재 오픈소스로 공개되어 있다. 두 운영체제 모두 경량화되어 리소스 사용이 적고 하드웨어 요구사항이 낮다. 또 제조사가 직접 관리하므로 보안 업데이트가 신속하게 이루어지고, 특정 하드웨어에 최적화되어 있어 성능이 안정적이다. 다만 작은 생태계, 기존 운영체제와의 호환성 문제, 새로운 운영체제에 적응하는 데 필요한 시간과 비용 등의 문제로 시장에서 안드로이드만큼의 인기를 얻지는 못하고 있다.

◈ 센서 및 입력 장치

오늘날 새로운 커뮤니케이션 트렌드는 비대면, 언택트, 비접촉, 원격 커뮤니케이션, 상호 작용, AI 기반 인터랙티브 등의 키워드로 대표된다. 디지털 사이니지 역시 이러한 흐름에 발맞춰 '상호 작용 미디어'로 그 역할을 확장하고 있다. 이러한 변화의 중심에는 다양한 센서와 입력 장치가 있다.

센서 및 입력 장치가 탑재된 디지털 사이니지는 보다 지능적이고 상호 작용적이다. 터치 센서, 인체 감지 센서, 환경 센서, 카메라, RFID나 NFC 리더 등은 사용자의 행동이나 환경을 실시간으로 감지하고, 그에 맞춘 기능을 제공하여 사용자 경험을 더욱 개인화한다. 이러한 기술들은 콘텐츠 전달 방식의 효율성을 높이고, 디지털 사이니지를 사용자와의 긴밀한 소통 도구로 변화시킨다.

▣ 터치 센서(터치스크린)

터치 센서를 활용한 사이니지는 오늘날 정보 교환과 서비스 제공

방식의 새로운 표준이 되었다. 사용자에게 직관적이고 효율적인 상호 작용 경험을 제공하며, 공항, 호텔, 쇼핑몰, 대규모 행사장, 음식점 등에서 광범위하게 활용되고 있다. 흔히 키오스크라고 불리는 터치스크린 기반 사이니지는 사용자가 정보 검색, 주문 처리, 길 안내 등 여러 서비스를 신속하고 간편하게 이용할 수 있도록 돕는다. 사이니지와 터치 센서의 결합은 사용자 경험을 개선하고, 정보 접근성을 높이며, 비대면 환경에서도 손쉽게 상호 작용을 할 수 있게 하는 등 다양한 이점이 있다.

사이니지에 주로 적용되는 터치 센서 기술은 PCAP 터치Projected Capacitive touch, 정전용량 터치와 IR 터치Infrared touch, 적외선 터치다. PCAP 터치는 스마트폰과 태블릿에서도 주로 사용하는 기술로 손가락의 전기적 신호를 감지하여 입력을 처리하는 방식이다. 정확하고 미세한 터치 감지와 빠른 응답 속도를 제공하며 내구성이 뛰어나 공공장소에서도 오래 사용할 수 있는 장점이 있다. IR 터치는 패널의 가장자리에 배열된 적외선 광선을 이용해서 터치를 감지하는 방식이다. 다양한 물체로 입력이 가능하지만, 외부 조명에 의한 간섭이 발생할 수 있고 대형 화면에서는 응답 속도가 느려질 수 있다는 단점이 있다.

최근에는 공공장소에서도 감염이나 오염의 우려 없이 안전한 상호 작용이 가능한 비접촉식 터치air touch나 홀로그램 터치holographic touch 등이 주목받고 있다. 비접촉식 터치는 사용자의 손동작을 센서가 인식하여 화면을 조작하는 기술이며, 홀로그램 터치는 공중에 투영된 이미지를 직접 '터치'하여 조작하는 혁신적인 기술이다. 이러한 새로운 기술들은 위생과 안전에 대한 요구가 높아진 현대 사회의 니즈를 충족시키며 사용자 경험의 새로운 지평을 열고 있다.

◼ 인체 감지 센서

인체 감지 센서$_{PIR\ sensor}$는 사용자의 움직임을 감지해 디스플레이가 자동으로 켜지거나 특정 콘텐츠를 표시하는 데 활용된다. 예를 들어 박물관에서는 관람객이 전시물에 가까이 가면 사이니지가 관련 정보를 자동으로 표시하고, 공항의 사이니지는 승객이 다가오면 화면이 자동으로 활성화되어 출발 게이트나 체크인 절차 등의 정보를 제공한다.

최근에는 더욱 발전된 활용 사례들이 등장하고 있다. 화면 밝기 자동 제어 시스템은 평상시 디스플레이를 100~200nit의 기본 밝기로 유지하다가 사람이 감지되면 500nit까지 밝기를 높여 자연스럽게 시선을 유도한다. 또한 지향성 스피커와 연동하여 사용자가 특정 거리에 접근하면 웰컴 메시지나 음악을 재생하는 시스템도 주목받고 있다. 지향성 스피커는 특정 방향으로만 소리를 전달할 수 있어 주변 환경에 영향을 주지 않으면서도 효과적으로 사용자와 소통한다.

상업 공간에서도 인체 감지 센서의 활용도가 높다. 소매점에서는 고객이 제품에 가까이 다가가면 자동으로 해당 제품의 정보나 관련 프로모션을 표시한다. 또한 피플 카운팅 기능을 통해 매장 내 방문객 수를 실시간으로 파악하고, 이 데이터를 마케팅 전략 수립에 활용할 수 있다.

인체 감지 센서는 비접촉 방식으로 상호 작용을 유도하여 공공장소에서 위생적이고 안전한 사용자 경험을 제공한다. 특히 코로나19 팬데믹 이후, 감염 예방이 중요해진 현대 환경에서 이 기술의 필요성과 중요성이 더욱 부각되고 있다. 앞으로도 인체 감지 센서는 다양한 분야에서 창의적으로 활용될 것으로 전망된다.

▣ 환경 센서

디지털 사이니지 시스템에서 환경 센서는 주변 환경의 다양한 요소를 감지하여 시스템의 성능을 최적화하는 중요한 역할을 한다. 이러한 환경 센서에는 주로 온·습도 센서, 대기질 센서, 조도 센서, 소음 센서 등이 포함된다.

온습도 센서는 주변 온도와 습도를 측정해 기기의 안정적 작동을 돕고 실시간 날씨 정보를 제공한다. 필요에 따라 에어컨이나 제습기 작동을 권장하는 메시지도 표시할 수 있다. 대기질 센서는 공기 오염도를 감지해 실시간으로 정보를 표시하거나 공기 청정 시스템과 연동해 공기 정화 기능을 활성화한다.

조도 센서는 주변 밝기에 따라 디스플레이 밝기를 자동 조절한다. 밝은 곳에서는 선명한 화면을, 어두운 곳에서는 은은한 밝기를 제공해 가독성을 높이는 동시에 에너지를 절약한다.

소음 센서는 주변 소음 수준을 감지해 음량을 자동 조절하거나 콘텐츠를 최적화한다. 시끄러운 곳에서는 음량을 높여 정보 전달력을 확보하고, 조용한 환경에서는 적절한 음량을 유지해 쾌적한 공간을 만든다.

이러한 센서들이 조화롭게 작동함으로써 디지털 사이니지는 주변 환경에 맞춰 적응하고, 사용자에게 더 편리하고 효과적인 정보를 제공한다. 센서들은 개별적으로 기능하기도 하지만, 동시에 통합적으로 작동해 사용자 경험을 향상하고 에너지 효율을 높인다. 또한 이들이 수집한 환경 데이터는 공간 관리와 마케팅 전략 수립에 유용하게 활용될 수 있어, 디지털 사이니지의 가치를 더욱 높인다.

▣ 카메라

최근 디지털 사이니지에 카메라가 탑재된 사례가 점점 늘어나고 있다. 카메라는 사용자의 얼굴을 인식하고 행동을 분석하며 다양한 통계를 수집한다. 최신 카메라 기술은 고해상도 이미지 캡처와 AI 알고리즘을 결합하여 매우 정확한 데이터 수집이 가능해졌다. 이를 통해 사용자의 성별, 연령대, 표정, 시선 방향 등을 분석할 수 있으며, 이렇게 얻어진 정보는 맞춤형 콘텐츠 제공의 근간이 된다.

이러한 카메라 기술은 실제 마케팅 현장에서 적용되고 있다. 예를 들어 올리브영 매장에서는 카메라가 탑재된 키오스크 유형 사이니지가 고객의 성별과 연령대를 인식하고 각 고객층의 관심사에 맞는 특정 제품 광고를 표시하는 등, 타겟팅된 마케팅을 실현하고 있다. 또 대형 행사장에서도 사용되는데 카메라가 방문객의 이동 경로, 특정 부스나 제품 앞에 머문 시간 등을 통해 관심도를 실시간으로 분석하여 마케팅 전략을 즉각적으로 조정할 수 있게 한다.

카메라 기술을 활용한 디지털 사이니지는 고객의 선호도를 정확히 파악하고 개인화된 콘텐츠를 제공한다. 이를 통해 고객과의 소통이 더욱 효과적으로 이루어지며 마케팅 효율도 크게 향상된다. 이러한 기술적 진보는 고객 경험의 질적 향상으로 이어지고 있다.

▣ RFID/NFC 리더

RFID_{Radio Frequency Identification, 전자 태그}는 전파를 이용해 태그 정보를 읽어 들이고, NFC_{Near Field Communication, 근거리 무선통신}는 짧은 거리에서 데이터를 주고받는 기술이다. 디지털 사이니지에서는 이 두 기술이 개인 맞춤형 정보 제공, 결제 연동, 출입 관리 등 다양한 용도로 활용된다.

예를 들어 의류 매장을 방문한 고객이 마음에 드는 상품에 부착된 태그를 매장 내 키오스크의 RFID 리더에 갖다 대면 화면에 해당 상품의 상세 정보나 관련 프로모션이 자동으로 표시된다. 이를 통해 고객은 제품 정보를 확인하고 구매를 결정한다. 또한 고객이 NFC 기능이 탑재된 사이니지에 스마트폰을 가까이 가져가면 특별 프로모션 정보나 할인 쿠폰을 받을 수 있으며, 터치 없이도 제품 정보 확인이나 빠른 결제 서비스까지 이용이 가능하다.

◈ 주변 장치들

화려하고 스마트한 디지털 사이니지는 주변 장치들의 완벽한 조화로 완성된다. AD 보드, SMPS, 네트워킹 장비, UPS, 오디오 장비 등의 장치들이 보이지 않는 곳에서 시스템 성능을 최적화하고 안정성을 보장한다. 아무리 최첨단 기술을 적용한 고사양 사이니지라도 이러한 주변 장치들이 제대로 작동하지 않으면 그 뛰어난 성능을 제대로 발휘할 수 없다.

▣ AD 보드

AD 보드Analog to Digital board는 디스플레이 장치의 신호 변환을 담당하는 핵심 전자 부품이다. 아날로그 신호를 디지털로 변환하는 '중개자' 역할을 할 뿐 아니라, 외부 기기에서 수신한 다양한 형태의 신호를 디스플레이가 처리할 수 있는 형태로 바꾼다.

오늘날의 AD 보드는 아날로그 신호뿐 아니라, HDMIHigh-Definition Multimedia Interface, VGAVideo Graphics Array, DVIDigital Visual Interface 등 디지털 신호도 처리한다. 화면의 해상도와 밝기, 명암, 색상을 정밀하게 제어하여 최적의 화질을 구현하며, 4K 초고해상도 콘텐츠 지원과 다중 디스플레이 동기화 기능으로 대형 비디오월 구축을 실현한다.

▣ SMPS

SMPS~Switching Mode Power Supply~는 디스플레이의 원활한 작동을 위한 필수 장치다. 입력 전원을 적절한 전압과 전류로 변환하여 디스플레이에 공급하며, 고속 스위칭 기술로 에너지 효율성을 높이고 발열을 최소화한다. 과전압, 과전류, 과열 상황을 실시간으로 감지하고 차단하여 디스플레이 시스템을 안전하게 보호한다.

디지털 사이니지용 SMPS는 예상치 못한 전압 변화나 전력 손실로 인한 디스플레이 손상을 방지하고 수명을 연장한다. 다양한 환경 조건에서도 안정적으로 작동하며 넓은 입력 전압 범위를 지원한다. 이러한 보호 기능과 환경 적응성으로 현장의 전기적 문제를 효과적으로 차단하여 24시간 운영되는 디지털 사이니지의 중단 없는 운영을 보장한다.

▣ 네트워킹 장비

디지털 사이니지는 유무선 네트워크를 통해 콘텐츠가 전송되므로 네트워킹 장비가 필수적이다. 대규모 설치 환경에서는 네트워크 인프라의 안정성이 전체 시스템의 성능을 좌우하기 때문에 신뢰할 수 있는 네트워킹 장비의 선택이 중요하다. 주요 장치로는 사이니지 시스템을 인터넷에 연결하고 네트워크 트래픽을 관리하는 라우터, 여러 디스플레이와 셋톱박스를 네트워크에 연결하는 스위치, 무선 연결을 위한 액세스 포인트 등이 있다.

▣ UPS

UPS_{Uninterruptible Power Supply, 무정전 전원 공급 장치}는 전원 공급 중단되거나 전압 및 주파수 변동이 발생할 때도 전원을 안정적으로 공급하는 장치로, 디지털 사이니지 시스템의 '안전망' 역할을 한다. 24시간 연중무휴로 운영되는 디지털 사이니지 시스템에서는 UPS의 역할이 매우 중요하다. 특히 대형 디지털 사이니지 설치 시에는 장시간 지속되는 정전에 대비하기 위해 충분한 배터리 용량을 갖춘 UPS를 선택해야 하며, 정기적인 배터리 점검과 교체를 통해 시스템의 안정성을 지속적으로 유지해야 한다.

▣ 오디오 장비

광고나 안내 방송 등 음향을 활용하는 디지털 사이니지 시스템에는 적절한 오디오 장비가 필수적이다. 독립형 스피커나 디스플레이 내장 스피커가 주로 사용되며, 넓은 공간이나 향상된 음향이 필요한 환경에서는 별도의 앰프를 활용한다. 이러한 장비들은 사용자의 시청각적 경험을 풍성하게 하여 주목도와 정보 전달 효과를 높인다.

최근에는 인체 감지 센서와 연동한 지향성 스피커 기술이 주목받고 있다. 이 기술은 가까이 다가오는 사람을 감지하여 그 방향으로만 간단한 인사말이나 알림음을 전달함으로써 개인화된 메시지 전달이 가능하고 불필요한 소음을 줄일 수 있다. 여기에 다중 언어 지원과 음성 인식 기능까지 더해져 더욱 자연스러운 상호 작용이 가능하다.

이 외에 디지털 사이니지의 설치 방식이나 환경에 따라 다양한 추가 장치가 필요할 수 있다. 스탠드형 사이니지는 다양한 형태의 함체가 필요하고, 부착형 사이니지는 마운트와 브라켓이 필요하다. 옥외나 교통량이 많은 장소에 설치한다면 디스플레이를 보호하는 인클로저 enclosures와 과열 방지용 냉각 장치가 필수적이다. 습기와 먼지로부터 보호하기 위한 방수·방진 장비, 진동이나 충격에 대비한 내진 장치도 고려해야 한다. 여기에 환경에 따라 조도 센서나 온도 센서 등도 추가될 수 있다.

이러한 장치들은 다양한 조건에서 시스템의 안정적 작동을 보장하고, 장비 수명 연장과 유지 보수 비용 절감에 기여한다. 따라서 디지털 사이니지 시스템 설계 시 설치 환경을 면밀히 분석하고 적절한 추가 장치를 선택하는 것이 중요하다.

3. 소프트웨어: 디지털 사이니지 시스템의 두뇌

디지털 사이니지 시스템은 하드웨어와 소프트웨어의 조화로운 결합을 통해 작동한다. 디스플레이나 셋톱박스 등 하드웨어의 성능을 극대화하려면 이를 뒷받침하는 적절한 소프트웨어가 필수적이다. 이 소프트웨어가 바로 '사이니지 솔루션'이다. 사이니지 솔루션은 하드웨어를 제어하고, 운영자의 의도를 반영하며, 시스템 전체가 효율적으로 작동하도록 돕는 '두뇌' 역할을 한다.

◆ 사이니지 솔루션: 원격으로 구현하는 스마트한 해법

사이니지 솔루션이란 콘텐츠의 제작, 편집, 배포 및 원격 관리를 지원하는 소프트웨어를 일컫는 업계 용어다. 해외에서는 CMS_{Contents Management System, 콘텐츠 관리 시스템}로 통용되지만, 국내 시장에서는 사이니지 솔루션이라는 명칭이 보편화되어 있다. 다만 기술 문서나 제품 사양서, 입찰 서류 등에서는 국제 표준 용어인 CMS를 사용하는 것이 일반적이다. 사이니지 솔루션은 결국 '콘텐츠를 어떻게 입력하고 표시할 것인가?'에 관한 이야기다. 이는 전체 시스템의 성능과 효율성을 결정짓는 중요한 요소다.

초기에는 USB를 통해 콘텐츠를 직접 디스플레이에 연결하여 재생했으나, 사용자들의 필요와 활용 범위가 확대되면서 다양한 콘텐츠 지원과 원격 관리, 대규모 운영이 가능한 사이니지 솔루션이 출현했다. 사이니지 솔루션의 도입은 디지털 사이니지 시스템의 운영을 획기적으로 개선했다. 운영과 관리 과정이 간소화되어 필요한 인력과 시간이 줄어들면서 비용 절감으로 이어졌고, 시간과 장소에 구애받지 않고 유연하게 콘텐츠를 관리하게 되어 전체적인 운영 효율성이 크게 향상되었다.

지금 디지털 사이니지 관리자는 웹 브라우저나 모바일로 사이니지 솔루션에 액세스하여 언제 어디서나 시스템을 모니터링하고 콘텐츠를 업데이트한다. 예를 들어 공공기관의 사이니지 운영 관리자는 더 이상 청사나 산하 기관 곳곳에 설치된 여러 사이니지를 일일이 찾아다닐 필요가 없다. 관리용 PC에 설치된 사이니지 솔루션에 들어가 각 위치에 맞는 맞춤 콘텐츠를 원격으로 설정하고 관리할 수 있기 때문이다. 또 카페 사장은 손님이 뜸한 틈을 타 스마트폰으로 클라우드 기반 솔루션에 접속해 매장 내 사이니지에 새로운 메뉴와 프로모션을 알리는 콘텐츠를 손쉽게 띄울 수 있다.

사이니지 솔루션의 중앙 관제 화면

각 산업의 특성에 따른 맞춤형 솔루션도 주목할 만하다. 소매 매장은 POS 시스템과 연동하여 상품 정보나 가격 변동, 실시간 판매 데이터를 바로 디스플레이에 반영할 수 있다. 교통 분야에서는 실시간 교통 정보를 업데이트하여 승객들에게 최신 소식을 전하고, 의료 분야에서는 강화된 보안 기능을 통해 민감한 환자 정보를 안전하게 관리하고 표시하는 솔루션이 도입되고 있다.

현재 사이니지 솔루션은 AI, 데이터 분석, IoT 기술을 접목하며 빠르게 진화하고 있다. 사용자 반응을 실시간으로 분석해 최적의 콘텐츠를 자동 선택해 보여주기도 하고, 개인의 관심사나 행동 패턴에 맞춘 정보를 제공하는 방식으로 진화 중이다. 사람의 움직임에 반응하는 인터랙티브 디스플레이를 지원하며, 주변 환경에 맞춰 자동으로 콘텐츠를 조정하는 지능형 기능까지 제공한다.

이러한 기술 발전은 콘텐츠 관리 차원을 넘어 효과적인 소통 방식의 구현으로 이어진다. '콘텐츠를 어떻게 입력하고 표시할 것인가?'라는 초기 질문이 이제는 '콘텐츠를 어떻게 하면 가장 효과적으로 전달할 수 있을까?'라는 문제로 논의의 범위가 확장된 것이다. 그 결과, 사이니지 솔루션은 단순한 콘텐츠 관리 도구를 넘어 디지털 커뮤니케이션의 새로운 패러다임을 제시하는 핵심 기술로 자리매김하고 있다.

◈ 사이니지 솔루션이 하는 일

사이니지 솔루션은 사이니지 운영의 편의성과 효율성을 향상하는 다양한 고급 기능을 제공한다. 이러한 기능들은 정보의 신선도와 적시성을 높여 정확한 메시지를 전달하며 더 유연하고 효율적인 운영을 가능하게 한다. 사이니지 솔루션이 제공하는 주요 기능은 다음과 같다.

기능1. 콘텐츠 생성, 편집 및 배포

사이니지 솔루션은 다양한 포맷의 콘텐츠를 즉시 반영할 수 있는 통합 관리 환경을 제공한다. 관리자는 기존 콘텐츠를 업로드하거나 솔루션이 제공하는 템플릿으로 새로운 콘텐츠를 제작할 수 있다. 이렇게 만든 콘텐츠는 실시간으로 디스플레이에 반영된다. 최신 솔루션은 다양한 편의 기능을 제공해 관리자가 직관적이고 효율적으로 콘텐츠를 관리, 배포할 수 있도록 지원한다. 덕분에 기술 지식이 풍부하지 않더라도 전문적인 수준의 운영과 관리가 가능하다.

사이니지 솔루션의 콘텐츠 관리 화면

기능2. 유연한 화면 구성

사이니지 솔루션으로 디스플레이 구성을 자유자재로 변경할 수 있다. 여러 개의 개별 디스플레이를 하나로 통합하거나, 단일 화면을 다양한 레이아웃으로 분할하는 것도 가능하다. 예를 들어 기업 로비의 경우, 멀티비전에 회사 소개 영상과 실시간 뉴스, 방문객 환영 메시지를 동시에 표시할 수 있다. 이처럼 화면을 자유롭게 구성함으로써 창의적인 레이아웃으로 정보 전달을 최적화하고, 공간 활용도와 운영 효율성을 높일 수 있다.

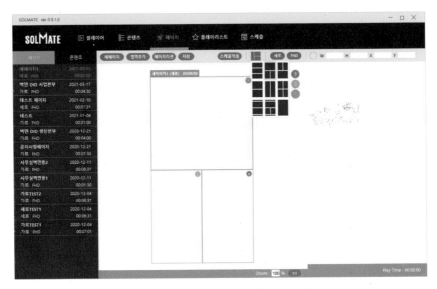

사이니지 솔루션의 화면 분할 편집 기능

기능3. 다양한 해상도 지원

최신 사이니지 솔루션은 FHD부터 4K까지 다양한 해상도를 지원하며 각 디스플레이의 특성에 맞춘 맞춤형 해상도 설정을 제공한다. 고해상도 광고나 세밀한 디테일이 필요한 콘텐츠도 선명하게 구현되며 비표준 크기의 화면이나 특수 공간의 디스플레이에서도 완벽한 표현이 가능하다. 세로형 디스플레이나 파노라마 화면에서도 콘텐츠가 왜곡 없이 온전히 표현되어 창의적인 광고 캠페인과 독특한 브랜딩 전략 구현에 적합하다.

기능4. 콘텐츠 스케줄링

사이니지 솔루션은 특정 날짜나 시간대의 콘텐츠 재생을 예약하는 스케줄링 기능을 제공한다. 이를 통해 원하는 시점에 맞춰 이벤트, 신제품 출시, 계절 할인 등 다양한 프로모션 콘텐츠가 자동으로 표시되도록 할 수 있다. 이러한 자동화 시스템으로 적시를 놓치거나 계획된 작업을 누락하는 일 없이 운영 관리 계획을 실행할 수 있다.

사이니지 솔루션의 콘텐츠 스케줄링 화면

기능5. 재생목록 구성

사이니지 솔루션으로 여러 콘텐츠의 재생 순서와 개별 재생 시간을 세밀하게 조정할 수 있다. 관리자는 재생목록 설정을 통해 의도한 대로 콘텐츠를 배치하여 시청자의 주목도를 높이고 메시지를 효과적으로 전달한다.

기능6. 실시간 콘텐츠 재생

사이니지 솔루션은 웹 페이지나 프로그램과 연동하여 실시간 정보를 표시한다. 뉴스, 소셜 미디어, 날씨, 스포츠 중계, RSS Really Simple Syndication 피드, 가상 회의 등 다양한 실시간 콘텐츠를 화면에 띄울 수 있다. 이러한 최신 정보의 꾸준한 업데이트로 시청자들의 관심과 주목도가 높아진다.

기능7. 디스플레이 그룹 관리

대규모 운영 시스템에서는 사이니지 솔루션으로 유사한 특성의 디스플레이들을 그룹으로 묶어 효율적으로 관리할 수 있다. 각 그룹의 특성과 환경에 맞는 콘텐츠를 일괄 업데이트하면 관리 업무가 크게 간소화된다. 예를 들어 전국에 가맹점이 있는 프랜차이즈 본사는 각 가맹점에 설치된 디스플레이를 지역이나 상권별로 그룹 짓고, 그룹별로 적합한 프로모션이나 이벤트 안내 콘텐츠를 배포할 수 있다.

기능8. 긴급 메시지 재생

사이니지 솔루션은 긴급 상황 발생 시 디스플레이에 즉시 중요 메시지를 송출하는 기능을 제공한다. 화재 경보가 울리면 재생 중인 콘텐츠가 자동으로 대피 절차와 안전한 출구 경로를 안내하는 화면으로 전환되는 것이 대표적인 예다. 이러한 긴급 메시지 기능은 마케팅 도구로도 활용되어 쇼핑몰 등에서 고객이 많이 몰린 시간대에 즉석 할인 안내를 송출하여 구매를 촉진한다.

기능9. 네트워크 리포트

사이니지 솔루션은 광고 및 홍보의 효과를 정밀하게 측정, 분석한다. 광고 노출 횟수나 디스플레이의 온·오프 상태와 같은 기본 데이터 수집부터, 카메라를 통해 획득한 정보를 통해 성별이나 연령대별 시청자 특성까지 파악한다. 여기에 타겟 시청자 도달률과 광고 효과 측정 결과를 더해 상세한 리포트를 제공한다. 이는 광고주에게 광고 성과와 성공 여부를 객관적으로 입증하는 데이터가 되며, 향후 마케팅 방향과 전략을 결정하는 데 활용된다.

◆ 셋톱박스와 사이니지 솔루션의 시너지

디지털 사이니지 시스템은 사이니지 솔루션과 셋톱박스, 디스플레이가 상호 연동되어 작동한다. 전체 시스템의 '두뇌' 역할을 담당하는 사이니지 솔루션은 콘텐츠의 생성, 원격 관리, 화면 구성, 스케줄링 등의 소프트웨어적인 역할을 맡는다. 솔루션에서 만들어진 콘텐츠와 재생 데이터가 네트워크를 통해 전송되면, 셋톱박스가 수신된 데이터를 적합한 형태로 변환하여 디스플레이로 전달한다.

이러한 사이니지 솔루션과 셋톱박스의 효율적인 연동을 통해 만들어지는 시너지로 메시지와 정보가 적절한 방식으로 원활하게 디스플레이에 표시될 수 있다. 솔루션과 셋톱박스는 각각 다음과 같이 맡은 일을 수행한다.

기능1. 콘텐츠 생성, 편집 및 배포

솔루션: 콘텐츠를 새로 만들거나 업로드해서 셋톱박스로 보낸다.

셋톱박스: 디스플레이의 특성에 맞게 콘텐츠를 최적화하여 표시한다.

기능2. 유연한 화면 구성

솔루션: 화면을 통합 또는 분할하여 다양한 레이아웃으로 구성한다.

셋톱박스: 솔루션에서 전송된 화면 설정값을 받아 디스플레이에 적용한다.

기능3. 다양한 해상도 지원

솔루션: 고해상도 영상을 지원하고, 맞춤 해상도 설정이 가능하다.

셋톱박스: 디스플레이의 해상도에 맞게 입력 신호를 자동으로 조정하고, 업스케일링 또는 다운스케일링을 수행하여 최적의 화질을 유지한다.

기능4. 콘텐츠 스케줄링

솔루션: 콘텐츠가 재생되는 시점을 설정, 예약한다.

셋톱박스: 콘텐츠 재생 스케줄 정보를 받아 정확한 시간에 콘텐츠를

재생 또는 중단한다.

기능5. 재생목록 구성

솔루션: 콘텐츠 재생 순서를 지정하여 자동 재생되도록 한다.

셋톱박스: 재생목록을 받아 그에 맞춰 콘텐츠를 재생한다. 이 과정에서 셋톱박스의 성능은 콘텐츠 전환의 매끄러움과 속도에 영향을 미친다.

기능6. 실시간 콘텐츠 재생

솔루션: 실시간으로 최신 정보를 제공한다.

셋톱박스: 스트리밍 콘텐츠나 라이브 방송을 디스플레이에 재생한다.

기능7. 디스플레이 그룹 관리

솔루션: 디스플레이들을 그룹화하여 그룹별로 맞춤 관리한다.

셋톱박스: 솔루션이 지정한 그룹 설정을 인식하고 해당 그룹에 맞는 콘텐츠와 설정을 적용한다.

기능8. 긴급 메시지 재생

솔루션: 긴급 상황에서 즉시 비상 메시지를 띄운다.

셋톱박스: 빠른 응답과 안전성 등 신속한 처리 능력으로 재생 중이던 콘텐츠를 긴급 메시지로 대체한다.

기능9. 네트워크 리포트

솔루션: 광고 및 홍보 효과를 측정, 분석한다.

셋톱박스: 콘텐츠 재생 횟수와 시간, 디스플레이의 온·오프 상태를 모니터링하고 기록한다. 연결된 카메라나 센서로부터 시청자 데이터를 수집한다.

◆ 클라우드로 도약하는 사이니지 솔루션

디지털 사이니지 기술이 발전하면서 사이니지 솔루션도 함께 진화하고 있다. 2010년대 초중반까지는 사이니지 솔루션 프로그램을 관리용 PC에 설치해 운영하는 방식이 주를 이루었지만, 최근에는 스마트폰으로도 언제 어디서나 접근할 수 있는 클라우드 기반 솔루션이 대세로 떠올랐다. 이러한 변화는 단순한 기술적 진보를 넘어 사이니지 운영의 효율성 향상과 비용 절감으로 이어지고 있다.

▣ 설치형 사이니지 솔루션

설치형 사이니지 솔루션은 기업, 기관 등 운영자가 자체 서버 및 인프라에 직접 솔루션을 설치하여 운영하는 방식으로 구축형 혹은 온프레미스on-premises 방식이라고도 한다. 모든 시스템이 내부에서 관리되어 데이터 보안이 중요한 분야에 적합하다.

솔루션 라이센스 구매로 소유권을 확보해 영구적으로 사용하는 만큼, 운영 환경의 특수성에 맞게 자유로운 커스터마이징이 가능해서 맞춤형 기능이 필요한 운영자에게 적합하다. 현재 시장의 대표적인 설치형 사이니지 솔루션으로는 삼성전자의 매직인포Magic INFO와 LG전자의 슈퍼사인Super Sign이 있다. 대기업뿐 아니라 중소 업체들도 자체 개발한 솔루션을 선보이고 있으며, 중국 등 해외 제품을 수입해 사용하는 업체도 증가했다.

설치형은 라이센스를 구매해 소유하는 방식이므로 장기적으로 사용할 수 있지만, 그렇기 때문에 초기 비용이 많이 드는 단점이 있다. 이후에도 시스템 운영을 자체적으로 수행해야 하므로 전문 인력과 예산 확보가 필수적이다. 또한 솔루션 프로그램이 설치된 디바이스에서만 콘텐츠 업데이트와 시스템 관리가 가능하여 아무래도 즉각적인 업데이트나 신속한 상황 대응에 제약이 따른다. 사이니지 네트워크를 확장하려고 해도 그 과정이 다소 복잡하고 까다로울 수 있다. 결과적으로 설치형 사이니지 솔루션은 보안성과 맞춤형 기능이 중요한 환경에서는 강점을 보이지만, 유연한 운영과 즉각적인 대응, 확장이 필요한 상황에서는 한계가 있다.

▣ 클라우드형 사이니지 솔루션

클라우드형 사이니지 솔루션은 웹 기반 기술을 활용한 진화된 형태의 솔루션이다. 마치 이메일을 확인하듯이 자신의 계정으로 로그인하여 사이니지 솔루션을 이용할 수 있다. 시간과 장소에 구애받지 않고 PC와 스마트폰은 물론, 인터넷에 연결된 모든 기기에서 접근이 가능하므로 신속한 대응과 관리가 필요한 운영자에게 특히 적합하다. 이는 스마트폰 중심의 현대적 생활 방식에 완벽히 부합하며 디지털 사이니지 산업의 미래 발전 방향을 제시하고 있다.

클라우드형 사이니지 솔루션은 뛰어난 호환성을 자랑할 뿐만 아니라, 기존 시스템과의 연동도 원활하다. 이전에는 셋톱박스 운영체제에 따라 사이니지 솔루션도 제각각이었다. 예를 들어 윈도우 기반 셋톱박스는 윈도우 기반 솔루션에서, 안드로이드 기반 셋톱박스는 안드로이드 기반 솔루션에서, 타이젠 운영체제는 매직인포에서 실행되는 식이었다. 하지만 클라우드형 사이니지 솔루션은 하나의 중앙화된 웹 인터페이스로 모든 시스템을 통제할 수 있어 운영체제를 가리지 않게 되었다. 심지어 여러 운영체제를 넘나드는 통합적 운영 관리도 가능하다. 이로써 기존의 복잡한 구조를 간소화하고, 더 나은 접근성과 업무 효율성을 실현한다.

클라우드형 사이니지 솔루션은 별도의 라이센스 구매가 필요 없으며, 솔루션 공급 업체에 월 일정액을 지불하는 구독형으로 이용이 가능하다. 구독형은 사이니지 운영자와 솔루션 공급 업체에 모두 유리한 방식이다. 사이니지 운영자는 초기 비용과 시스템 관리에 대한 부담을 줄일 수 있고, 솔루션 공급 업체는 지속적으로 수익을 창출하고 글로벌 서비스가 가능하다는 이점이 있다. 이는 현재 클라우드형 사이니지 솔루션이 디지털 사이니지 시장에서 빠르게 확산하고 있는 까닭이기도 하다.

이러한 추세에 발맞춰 대기업들도 클라우드형 사이니지 솔루션을 속속 선보이고 있다. 삼성전자는 VXT~Visual eXperience Transformation~, LG전자는 비즈니스 클라우드~Business Cloud~를 출시했으며, 이외에 중소 업체들도 각자의 특색을 살린 클라우드형 사이니지 솔루션을 개발하여 시장에 진출하고 있다. 이는 클라우드형 사이니지 솔루션이 디지털 사이니지의 새로운 표준으로 자리 잡아 가고 있음을 보여준다.

	설치형 사이니지 솔루션 on-premise digital signage solutions	클라우드형 사이니지 솔루션 cloud-based digital signage solutions
방식	솔루션을 내부 시스템에 직접 설치, 운영	웹 기반 클라우드에 접속하여 운영
라이센스	라이센스 구매로 영구 소유	라이센스 소유권 없음
비용	단말기 구매와 자체 서버 구축으로 큰 비용 발생	단말기 구매 외, 월 서버 구독료만 발생
유지 보수	자체 관리 필요	솔루션 공급 업체에서 지원
접근성	솔루션 프로그램이 설치된 물리적 위치에서만 가능	인터넷 연결된 모든 기기에서 관리 가능
원격 관리	제한된 범위 내 원격 관리	완전한 원격 관리 가능
확장성	새로운 하드웨어 설치 및 시스템 업그레이드 필요	구독 플랜에 따라 유연한 확장 가능
보안	자체 보안 정책 적용, 내부 서버 관리로 용이	솔루션 공급 업체의 보안 체계 적용
시스템 관리	수동 업데이트 및 자체 데이터 백업 필요	자동 업데이트 및 클라우드에 자동 백업

4. 콘텐츠: 디지털 사이니지 시스템의 심장

디지털 사이니지의 성공은 무엇보다도 콘텐츠에 달려 있다. 기술적으로 뛰어난 하드웨어와 소프트웨어를 갖추었어도 적절한 콘텐츠 없이는 빛을 발할 수 없다. 다양한 포맷과 전략을 통해 전달되는 콘텐츠는 사용자의 시선을 사로잡아 정보를 전달하고 행동 변화를 이끌어내는 소통의 도구다. 여기에서는 디지털 사이니지의 콘텐츠의 다양성과 활용, 성공적인 운영을 위한 콘텐츠 제작 및 실행 방안에 관해 이야기한다.

◈ 디지털 사이니지의 새로운 경쟁력

디지털 사이니지의 성과는 콘텐츠의 질과 다양성에 의해 크게 좌우된다. 간결한 텍스트부터 생동감 있는 이미지, 영상까지 각 유형의 콘텐츠는 모두 고유한 특징과 강점을 지녀 목적별, 상황별 맞춤 활용이 가능하다. 다양한 콘텐츠를 적절히 사용하는 것만으로도 시청자의 주의를 효과적으로 끌고 메시지 전달력을 높이며 풍부하고 인상적인 경험을 제공할 수 있다.

디지털 사이니지 산업에서 콘텐츠의 중요성은 날로 커지고 있다. 과거 디스플레이와 사이니지 솔루션 기술이 주도했던 시장은 이제 콘텐츠 경쟁 시대를 맞이했다. 현대 소비자들의 기대치는 지속적으로 높아지고 있으며, 이들은 몰입감 있는 경험, 개인화된 서비스, 양방향 소통, 실시간 업데이트와 같은 혁신적 요소들을 요구한다. 이러한 소비자의 높아진 기대치를 충족하기 위해서는 보다 감각적이고 창의적인 콘텐츠 개발이 필수적이다. 소비자들은 기대를 충족하지 못하면 금세 눈을 다른 곳으로 돌릴 것이다. 콘텐츠 제작사들이 사용자 만족을 위해 고군분투하지만, 시장의 니즈를 충족시키기란 절대 쉽지 않은 과제다.

16:9 비율의 전통적 화면을 넘어서는 다양한 비율의 디스플레이부터 백남준 작가의 아트월과 같은 비정형 설치물까지, 디스플레이의 형식이 자유로워지고 있다. 이러한 변화는 콘텐츠 제작에 새로운 도전과 기회를 제공한다. 기존의 틀을 벗어난 창의적인 콘텐츠 개발이 필수 사항으로 떠올랐으며, 특히 글로벌 시장에서는 3D 콘텐츠 기술이 급부상하고 있는 핵심 트렌드다. 3D 콘텐츠에 대한 수요는 꾸준히 증가하고 있으며, 3D 모델링과 애니메이션 기술의 혁신으로 더욱 사실적이고 역동적인 시각 경험을 구현할 수 있게 되었다.

3D 콘텐츠를 활용한 광고판, 중국 상하이 난징둥루 (출처: 바이두)

이러한 흐름은 '더 나은 콘텐츠 개발', 즉 콘텐츠의 질적 향상이 디지털 사이니지의 현재와 미래를 좌우한다는 점을 시사한다. 디지털 사이니지 기술이 아무리 발전해도, 결국 소비자들에게 가장 큰 영향을 미치는 것은 콘텐츠의 완성도와 매력이다. 이에 콘텐츠 제작 기술과 창의성이 이 산업의 핵심 경쟁력으로 자리 잡았으며, 이러한 트렌드는 앞으로도 계속될 전망이다.

◆ 4가지 기본 콘텐츠 유형

디지털 사이니지에서 사용되는 기본 콘텐츠 유형으로는 텍스트, 이미지, 영상, 그리고 이들을 조합한 혼합형을 들 수 있다. 이 4가지 기본 콘텐츠 유형은 각각 고유한 특성과 장점이 있으므로 상황에 맞게 적절히 선택되어야 한다. 다음은 유형별 주요 특징과 제작 시 고려해야 할 사항들이다.

▣ 텍스트

텍스트가 주를 이루는 콘텐츠는 보통 상업 광고보다는 공공장소나 기관의 알림, 공지사항 등에 주로 사용된다. 이러한 콘텐츠의 주요 목적은 '정확한 정보 전달'이므로 반드시 간결함과 명확성을 염두에 두어야 한다. 긴 문장보다는 짧고 임팩트 있는 문구로 메시지를 명확하고 간결하게 표시해야 하며, 눈에 잘 띄는 폰트 스타일과 색상으로 가독성을 향상하되 시각적 혼란을 일으켜서는 안 된다.

텍스트만으로 구성된 콘텐츠라면 헤드라인과 서브 헤드, 본문 간의 구분을 명확히 하고, 다른 시각적 요소와 함께 서로 방해하지 않도록 적절하게 배치해 전체적으로 균형을 이루는 것이 좋다. 또한 문체나 표현에서 기업이나 기관, 브랜드의 톤앤매너를 일관되게 유지할 필요가 있다.

▣ 이미지

이미지 콘텐츠는 먼저 디스플레이의 크기와 형식에 맞게 비율을 적절히 조정해야 한다. 이는 이미지 왜곡을 방지하고 시각적 완성도를 높이는 데 아주 중요하다. 저해상도나 픽셀이 깨진 이미지는 전체적인 콘텐츠의 품질을 떨어뜨릴 수 있으므로 고해상도 이미지를 사용하는 것이 필수다.

시청자의 관심을 즉각적으로 끌 수 있는 주목도 높은 이미지를 선택하되, 타겟 시장과 주요 시청자의 감성, 그리고 브랜드나 기관 등 운영자의 특성을 충분히 고려한 이미지이어야 한다. 그래야만 콘텐츠의 효과성과 타겟 시청자와의 공감대 형성에 큰 영향을 미치기 때문이다. 복수의 이미지를 사용할 때는 일관된 색조와 스타일, 레이아웃을 적용하여 전체적인 통일감을 주는 것이 좋다. 또한 시선의 자연스러운 흐름을 고려해 이미지를 배치하면 정보 전달의 효율성을 높이고, 시청자의 몰입도를 향상할 수 있다.

▣ 영상

영상 콘텐츠 제작 역시 재생될 디스플레이에 적합한 해상도와 형식을 선택하는 것이 기본이다. 고해상도 영상은 깔끔하고 선명한 비주얼을 제공하여 시청자의 만족도를 높이는 데 기여할 수 있다. 효과적인 영상 콘텐츠는 간결하면서도 핵심 메시지를 명확하게 전달해야 한다. 특히 디지털 사이니지는 시청자의 주의 집중 시간이 짧으므로 영상의 첫 부분에서 강한 임팩트를 주어 시청자의 관심을 빠르게 사로잡는 것이 중요하다.

만약 배경 음악이나 음향 효과를 사용한다면 영상의 시각적 요소와 조화를 이루도록 신중히 선택해야 한다. 적절한 음악과 음향은 메시지 전달력을 높이고 감성적 연결을 강화할 수 있지만, 과도하거나 부적절한 사운드는 오히려 시청자의 집중을 방해하고 메시지 전달을 방해할 수 있다. 또한 영상 콘텐츠 제작 시, 자막이나 그래픽 요소의 사용을 고려해 볼 수 있다. 이는 주요 정보를 강조하고, 소리 없이도 메시지를 전달할 수 있게 해주어 다양한 환경에서의 효과적인 커뮤니케이션을 가능하게 한다.

▣ 혼합형 콘텐츠

실제 디지털 사이니지 환경에서는 텍스트, 이미지, 영상 등 다양한 요소를 조합한 혼합형 콘텐츠가 주를 이룬다. 이러한 혼합형 콘텐츠를 효과적으로 구성하기 위해서는 각 요소 간의 균형과 조화가 매우 중요하다. 어느 한 요소가 지나치게 강조되거나 반대로 묻혀버리지 않도록 신중하게 구성하고, 각 요소가 서로를 보완하여 전체적인 메시지 전달력을 높이도록 해야 한다.

사용자의 시선 흐름을 고려한 레이아웃 설계는 혼합형 콘텐츠의 핵심이다. 시청자가 정보를 자연스럽게 인지할 수 있도록 요소를 배치하고, 필요에 따라 시각적 내러티브를 만들어내 시청자가 몰입할 수 있게 한다. 이는 단순한 정보 전달을 넘어 감성적인 경험을 제공하는 데 도움이 될 것이다. 더불어 텍스트, 이미지, 영상 등 모든 요소가 시각적 스타일과 분위기 측면에서 일관성을 유지한다면 브랜드 아이덴티티를 강화하고 메시지를 효과적으로 전달하는 데 도움이 될 것이다.

기술적인 측면에서는 콘텐츠의 로딩 속도를 고려한 최적화가 필요하다. 특히 대형 디스플레이나 다수의 디스플레이를 사용하는 환경에서 콘텐츠가 끊김이 없이 부드럽게 재생되도록 적절한 파일 형식과 압축 기술을 사용하는 것이 좋다. 마지막으로 실제 디스플레이 환경에서의 테스트와 검증이 중요하다. 모든 요소가 의도한 대로 정확하게 표시되는지, 다양한 각도와 거리에서도 가독성이 유지되는지 확인해야 한다. 조명, 주변 소음 등의 환경 요소가 콘텐츠 인지에 미치는 영향도 고려할 필요가 있다.

혼합형 콘텐츠는 다양한 정보를 효과적으로 전달할 수 있는 강력한 도구다. 이를 위해서는 세심한 계획과 디자인, 그리고 지속적인 최적화 과정이 꼭 필요하다. 사용자 경험을 중심에 두고 기술적 제약과 환경적 요인을 충분히 고려한 콘텐츠 제작이 이루어져야 한다.

◈ 새롭게 진화하는 콘텐츠 트렌드

디지털 사이니지 산업이 급속도로 발전하면서 콘텐츠 영역에서도 혁신적인 변화가 일어나고 있다. 단순한 광고나 홍보, 정보 전달을 넘어선 새로운 콘텐츠들이 등장했으며, 사용자와 적극적으로 상호 작용하고 감성을 자극하는 경험 제공이 핵심으로 떠올랐다. 이러한 변화 속에서 개인 맞춤형, 인터랙티브, 몰입형, 예술적 콘텐츠, 그리고 지속 가능한 콘텐츠가 새로운 트렌드의 중심으로 부상했다.

▣ 개인 맞춤형 콘텐츠

개인 맞춤형 콘텐츠는 빅데이터와 AI 기술을 활용해 사용자의 행동 패턴, 위치, 연령 등에 맞춰 정보를 제공한다. 이미 여러 분야에서 실현되고 있는데, 예를 들어 백화점의 키오스크는 고객의 구매 이력을 분석해 맞춤형 할인 쿠폰을 제공하고, 공항의 안내 시스템은 여행객의 국적에 따라 자동으로 언어를 전환하는 서비스를 제공한다.

이러한 개인화된 콘텐츠는 고객이나 방문객의 관심을 효과적으로 끌고, 브랜드 충성도를 높이는 데 큰 역할을 한다. 또한 실시간 위치 기반 서비스와 결합하여 주변 상점의 할인 정보나 관광 명소 안내 등 상황에 맞는 정보를 즉각적으로 제공할 수 있어 사용자 경험을 크게 향상한다.

앞으로는 웨어러블 기기나 스마트폰과의 긴밀한 연동을 통해 더욱 정교하고 개인화된 서비스가 제공될 전망이다. 이는 사용자의 일상

활동, 건강 상태, 선호도 등을 더 깊이 이해하고 반영할 수 있게 되어, 개인 맞춤형 콘텐츠의 가치와 효용성을 한층 높일 것으로 기대된다.

▣ 인터랙티브 콘텐츠

인터랙티브 콘텐츠는 사용자와 직접 소통하고 반응하는 특성으로 디지털 사이니지의 매력을 한층 높인다. 터치스크린, 모션 인식 기술, 음성 인식, AI 챗봇 기술 등을 활용해 자연스러운 상호 작용을 구현한다. 예를 들어 쇼핑몰의 디지털 안내판에서 음성으로 원하는 매장을 물어보면 AI가 최적의 경로를 안내해 주거나, 공공장소의 키오스크에서 제스처만으로 간단한 게임을 즐길 수 있다. 이러한 게임 요소나 소셜 미디어 연계는 사용자 참여를 유도하고, 브랜드 인지도를 높이는 데 효과적이다.

더불어 인터랙티브 콘텐츠는 운영자에게 고객 행동에 관한 귀중한 인사이트를 제공한다. 사용자의 선호도, 이용 패턴, 체류 시간 등의 데이터를 수집하고 분석함으로써 맞춤형 서비스 개선과 마케팅 전략 수립에 활용할 수 있다.

▣ 몰입형 콘텐츠

몰입형 콘텐츠는 AR, VR, 3D 기술 등을 활용해 사용자를 콘텐츠 속으로 끌어들인다. 박물관에서는 VR 기술을 이용해 관람객들이 과거의 역사 속을 거니는 듯한 체험을 제공하고, 의류 매장에서는 AR 기술로 옷을 실제로 입어보지 않고도 가상 피팅을 할 수 있다.

대형 디스플레이와 고해상도 3D 스크린, 그리고 공간 음향 기술의 결합은 관객에게 압도적인 시청각적 경험을 선사한다. 이러한 기술들은 주로 이벤트나 브랜드 체험관에서 강력한 마케팅 도구로 활용되며, 단순한 시각적 즐거움을 넘어 관객에게 기억에 남는 감정적 경험을 제공한다. 특히 대형 스크린과 센서를 이용하여 사용자의 움직임에 반응하는 인터랙티브 월interactive wall은 공항이나 쇼핑몰 등에서 독특한 경험을 제공하고 있다.

앞으로는 홀로그램 기술의 발전으로 더욱 실감 나는 3D 콘텐츠가 보편화될 것으로 전망된다. 또한 촉각 피드백 기술이 고도화되면서 더욱 다차원적인 경험이 가능해질 것이다. 이러한 기술적 진보는 향후 다양한 분야에서 새로운 형태의 경험을 창출할 것으로 기대된다.

▣ 예술적 콘텐츠

예술적 콘텐츠는 미디어 아트, 설치 미술, 엔터테인먼트 요소를 융합하여 디지털 사이니지에 새로운 생명력을 불어넣는다. 건물 외벽을 활용한 미디어 파사드, 다양한 형태의 인터랙티브 아트 설치물 등이 도시 곳곳에서 시선을 사로잡고 있다. 이러한 콘텐츠는 도시 경관을 아름답게 꾸미는 동시에, 시민들에게 색다른 문화 체험의 기회를 제공한다.

예를 들어 LED 조명과 센서를 활용한 대형 설치물이 사람들의 움직임에 반응하여 빛과 색을 변화시키는 디지털 사이니지가 도시의 새로운 랜드마크가 될 수 있다. 최근에는 실시간 데이터를 반영해 변화하는 동적 콘텐츠도 주목받고 있다. 날씨, 교통량, 관객의 반응 등 다양한 실시간 정보를 시각화하여 표현함으로써 살아 숨 쉬는 듯한 역동적인 작품을 만들어낸다.

이러한 예술적 콘텐츠는 단순한 정보 전달을 넘어 감성적 교감을 이끌어내며, 브랜드나 공간의 가치를 높이는 데 기여한다. 또한 도시의 문화적 정체성을 강화하고 관광 자원으로서의 역할도 수행한다. 앞으로는 AR 기술과의 결합을 통해 더욱 몰입도 높은 예술 경험을 제공할 것으로 전망된다.

■ 지속 가능한 콘텐츠

최근 해외에서는 '지속 가능한 콘텐츠'에 대한 관심이 뜨겁다. 지속 가능한 콘텐츠란 환경친화적인 기술을 활용하고, 사회적 가치를 창출하며, 장기적으로 의미 있는 메시지를 전달하는 콘텐츠를 의미한다. 디지털 사이니지 분야에서도 이에 대한 담론이 활발히 이루어지고 있다.

특히 공공장소와 상업 공간의 디지털 사이니지를 통해 환경 보호, 사회 정의, 윤리적 소비 등을 주제로 한 콘텐츠들이 증가하고 있다. 이는 단순한 정보 전달을 넘어 시민들의 인식을 변화시키고 지속 가능한 행동을 촉진하는 강력한 도구로 진화하고 있다. 기업들도 이러한 트렌드에 동참하여 지속 가능성을 핵심 가치로 내세운 브랜드 콘텐츠를 제작해 소비자들로부터 긍정적인 반응을 얻고 있다. 이는 기업의 사회적 책임 활동과 연계되어 브랜드 이미지 제고에도 기여한다.

지속 가능한 콘텐츠의 개념은 에너지 효율적인 디스플레이 기술, 재활용이 가능한 소재 사용 등 하드웨어적 측면으로도 확장되고 있다. 이는 디지털 사이니지 산업 전반에 친환경적 변화의 물결을 일으키고 있다.

　미래 디지털 사이니지 산업의 발전 방향은 '기술과 콘텐츠의 조화로운 융합'이 될 것이다. 이러한 흐름에 주목하며 일상에 활력을 불어넣는 창의적인 콘텐츠, 사용자의 감각을 일깨우는 몰입도 높은 콘텐츠, 혁신적이고 가치 있는 콘텐츠, 그리고 환경과 사회적 책임을 고려한 콘텐츠가 더 많이 제작되고 활용되어야 한다. 이를 통해 디지털 사이니지는 사용자에게 풍부하고 의미 있는 경험을 제공하고, 운영자에게 새로운 비즈니스 기회를 창출하며, 사회에 긍정적인 가치와 변화를 촉진하는 역할을 수행하게 될 것이다.

충청남도청 중앙 감시실
24시간 관제를 위한 맞춤형 비디오월 구축

- **프로젝트명: 충청남도청 중앙 감시실 통합 모니터링 시스템 구축**
- **고객사: 충청남도**
- **기간: 2023년 7월 1일 ~ 2023년 8월 10일**
- **장소: 충청북도 중앙 감시실**
- **규모: 비디오월 55인치 15대(3단 5열, 베젤 0.88mm)**

1. 프로젝트 개요

충청남도청은 중앙 감시실의 기존 모니터링 시스템을 현대화하고, 보다 효율적인 관제 환경을 조성하기 위해 통합 모니터링 시스템을 구축했다. 본 프로젝트는 최신 비디오월 기술을 적용하여 건물 내부 보안 및 운영 효율성을 극대화하는 것을 목표로 했다.

설치된 비디오월은 24시간 운영 환경에서 안정적으로 작동할 수 있도록 설계되었으며 각 패널 간의 색상과 밝기 조정은 물론, 케이블 정리를 통한 깔끔한 설치를 구현했다. 또한 매트릭스 스위처와의 연동을 통해 관제 데이터를 효율적으로 관리하고 운영자 편의성을 향상했다.

2. 기술적 도전과 솔루션

■ 24시간 무중단 운영 시설에서의 설치

중앙 감시실은 24시간 운영되는 시설로 작업 중에도 감시와 관제 기능에 영향을 주지 않아야 했다.

• 작업 시간을 세분화하고 건물 내 행사 시간대에는 소음을 최소화하도록 일정 조정
• 야간 작업 중심의 공정 계획을 수립하여 운영에 지장이 없는 설치 방식을 적용

■ 비디오월 패널 간 색상 및 밝기 조정

각 패널의 색상과 밝기가 일치하지 않을 경우 관제 화면의 시각적

품질이 저하될 우려가 있었다.

- 화이트밸런스를 정밀하게 조정하여 패널 간 색상과 밝기의 일관성을 확보
- 설치 후 여러 차례 테스트를 통해 관제 데이터 표시의 가독성을 최적화

■ 매트릭스 스위처와의 호환성 문제

비디오월과 매트릭스 스위처 간 데이터 송수신의 안정성을 확보해야 했다.

- 프로토콜 호환성을 철저히 검증하여 설치 후에도 안정적인 연결을 유지
- 케이블 연결 구조를 최적화하여 데이터 전송 속도와 안정성을 강화

3. 주요 성과

■ 비디오월 설치와 관제 효율성 향상

3단 5열로 구성된 대형 비디오월은 중앙 감시실의 모니터링 및 관제

효율성을 획기적으로 향상했다. 이로써 제한된 공간 내에서도 고해상도 화질과 뛰어난 시인성을 확보하여 보안 상황을 한눈에 파악할 수 있게 되었다. 특히 다수의 CCTV 영상과 각종 센서 데이터를 동시에 표출하면서도 선명한 화질을 유지하여 보안 담당자들의 신속한 상황 판단과 대응을 가능하게 했다.

■ 통합 시스템의 안정성 강화

매트릭스 스위처와의 원활한 연동을 통해 다양한 입력 소스의 관제 데이터를 지연 없이 실시간으로 표시할 수 있게 되었다. 데이터 전송 프로토콜의 최적화와 안정적인 케이블링 구성으로 시스템 전반의 신뢰성이 크게 향상되었으며 24시간 무중단 운영 환경에서도 높은 시스템 안정성을 유지할 수 있게 되었다. 이는 충청남도청의 보안 관제 업무 수행에 있어 핵심적인 인프라로 자리잡았다.

■ 유지 보수 편의성과 깔끔한 설치 구현

설치 완료 후 모든 케이블을 체계적으로 정리하고 라벨링하여 향후 유지 보수 작업 시 신속한 장비 접근과 문제 해결이 가능하도록 했다. 또한 케이블 번들링과 정돈된 배선 처리로 전체적인 미관을 개선하였으며 장비실의 공간 활용도도 높였다. 이러한 세심한 마감 처리는 시설 관리자들의 높은 만족도로 이어졌다.

4. 시사점과 향후 과제

본 프로젝트는 24시간 운영되는 관공서 환경에서 디지털 기술을 활용한 통합 모니터링 시스템 구축의 모범 사례로 평가된다. 특히 정확한 패널

설치와 색상 조정, 안정적인 시스템 연동을 통해 관제 효율성을 극대화하고 운영자의 업무 편의성을 크게 개선했다는 점에서 공공기관의 디지털화 및 운영 효율성 제고에 기여한 사례로 평가된다.

향후에는 실시간 관제 데이터를 분석하고 이를 기반으로 한 고도화된 시스템으로 확장하는 방안을 검토할 수 있다. 이를 통해 실시간 상태 진단과 예측 유지 보수를 결합한 운영 체계를 확립해야 한다.

더불어 유사한 관공서 프로젝트에서는 초기 설계 단계에서부터 고객의 긴밀한 소통 채널을 구축하여 요구사항을 명확히 파악하고, 소음 및 공간 제약과 같은 환경적 요인을 반영한 세부 공정 계획이 필수적이다. 이를 통해 안정적이고 효율적인 프로젝트 완수를 위한 새로운 기준을 제시할 수 있을 것이다.

02부

공간을 위한 스마트한 해법

B. 라운지 | JUNGGYE SMART LOUNGE

Chapter 04
디지털 사이니지로
새로워지는 공간들

디지털 사이니지는 다양한 공간의 성격과 가치를 새롭게 변화시키고 있다. 비즈니스 현장에서는 고객과의 소통을 강화하고, 공공장소에서는 시민 편의성을 높이며, 기업 환경에서는 업무 효율과 협업을 촉진한다. 이처럼 디지털 사이니지는 각 공간의 목적과 특성에 맞춘 맞춤형 솔루션으로 진화하며 우리 삶의 터전을 더욱 스마트하고 효율적인 공간으로 탈바꿈시키고 있다.

1. 비즈니스 현장의 스마트한 변화

리테일 매장과 호텔, 음식점 등 비즈니스 현장에서 디지털 사이니지는 새로운 고객 경험을 창출하는 필수 요소가 되었다. AI와 빅데이터를 활용한 맞춤형 프로모션부터 매장 내 디지털 경험까지, 고객 만족도와 매출 향상을 위한 다채로운 시도가 이어지고 있다.

◆ 디지털 사이니지로 실현하는 스마트 리테일

디지털 사이니지의 도입은 오프라인 매장을 스마트 리테일smart retail로 전환하며 소비자 경험과 운영 효율을 획기적으로 개선한다. 인터랙티브 쇼윈도우, 스마트 미러, 가상 피팅룸 등이 매장의 몰입도를 높이며 리테일의 새로운 가능성을 열고 있다.

투명 OLED와 동작 인식 기술을 접목한 인터랙티브 쇼윈도우는 매장 방문 전부터 차별화된 경험을 제공한다. 명품 브랜드 구찌의 밀라노 매장은 패션쇼 실시간 중계와 가상 피팅을 결합해 주목할 만한 성과를 거뒀으며, 유니클로는 실시간 의류 컬러 체험이 가능한 스마트 미러로 고객 만족도와 구매 전환율을 크게 높였다.

▣ 매장 운영의 새로운 패러다임

디지털 사이니지는 프랜차이즈 업계의 운영 방식을 혁신하고 있다.

스텔라 떡볶이 충주 연수점, 메뉴보드

클라우드 기반의 중앙 관리 시스템으로 전국 매장의 메뉴와 가격, 프로모션을 실시간 제어하며 수집된 데이터를 바탕으로 시간대별 최적화와 탄력적 운영이 가능해졌다.

무인 키오스크의 확산도 스마트 리테일의 진화를 가속화하고 있다. 맥도날드는 무인 키오스크 도입 후, 직관적인 메뉴 탐색과 신속한 주문 처리로 객단가(고객 1인당 평균 구매액)가 20~30% 상승했으며 피크 시간대 운영 효율도 크게 개선되었다.

매장 내 디지털 사이니지는 다양한 체험형 디지털 기술과 연동되며 더욱 강력한 고객 경험을 만들어내고 있다. 나이키의 뉴욕 플래그십 스토어 하우스 오브 이노베이션House of Innovation은 디지털 풋 스캐너와

러닝 자세 분석 결과를 대형 디스플레이로 즉시 보여주고, LED 농구 코트와 연계한 인터랙티브 콘텐츠를 제공해 방문객 체류 시간을 3배 늘리고 구매 전환율을 45% 높이는 성과를 거뒀다.

더 나아가 디지털 사이니지는 옴니채널_omni-channel 경험을 구현하며 오프라인과 온라인의 경계를 허물고 있다. 디지털 사이니지를 통해 매장은 '구매의 공간'에서 브랜드와 소비자가 교감하는 '경험의 공간'으로 변모하고 있으며, 이러한 변화는 소매업계의 미래를 새롭게 정의한다.

◈ 디지털 사이니지로 진화하는 의료 서비스 공간

현대 의료 시설에서 디지털 사이니지는 환자 경험과 의료 서비스의 질을 높이는 핵심 인프라로 자리 잡았다. 특히 대형 병원들은 복잡한 진료 프로세스를 효율적으로 관리하기 위해 적극적으로 도입하고 있다. 이러한 디지털 사이니지 시스템은 다양한 방식으로 환자와 의료진 모두에게 도움을 주고 있다.

복잡한 병원 내부에서 헤매던 환자들은 직관적인 디지털 웨이파인딩 시스템 덕분에 원하는 진료과와 검사실을 쉽게 찾아갈 수 있다. 실시간으로 업데이트되는 진료 순번 시스템은 대기 시간을 효율적으로 활용하게 해준다. 예약부터 진료, 수납까지 모든 과정이 디지털 사이니지 네트워크로 통합되면서 환자들의 행정 절차에 대한 부담이 크게 줄었다.

의료진들도 디지털 사이니지 시스템의 혜택을 톡톡히 보고 있다.

실시간으로 환자 정보를 확인하고 진료 일정을 공유하며, 응급 상황이 발생했을 때 신속하게 대응할 수 있게 되어 업무 효율이 크게 향상되었다. 특히 코로나19 팬데믹 이후에는 비대면 접수·수납 키오스크와 방역 정보 전달 시스템 덕분에 더욱 안전한 의료 환경을 만들 수 있게 되었다.

조선대학교 병원, 각종 정보 송출용 LED 디지털 게시판

이처럼 디지털 사이니지는 의료 서비스의 혁신을 이끌며 AI와 IoT 기술과의 결합을 통해 더욱 진화된 스마트 헬스케어의 기반을 마련할 것으로 기대된다.

◈ 디지털 사이니지로 고급화되는 호텔 · 리조트 서비스

호텔과 리조트 산업에서 디지털 사이니지는 프리미엄 서비스의 필수

요소로 인식된다. 업계는 개인화된 스마트 호스피탈리티smart hospitality 구현을 통해 고객 경험을 한 단계 업드레이드하고 있다.

로비의 대형 디스플레이는 VIP 맞춤형 환영 메시지와 실시간 체크인 아웃 현황을 제공하여 첫인상부터 특별한 경험을 선사한다. 성수기나 단체 고객 입실 시에도 더욱 원활한 프로세스 관리가 가능해졌다. 부대시설 이용도 한층 편리해졌다. 레스토랑, 스파, 피트니스 센터의 실시간 예약과 이용 현황을 터치스크린으로 즉시 확인할 수 있으며 컨퍼런스룸과 연회장의 일정 변경도 실시간으로 전달된다.

소노인터내셔널 쏠비치 양양, 홍보 콘텐츠 송출용 디지털 게시판

투숙객을 위한 정보 서비스 역시 진화했다. 날씨, 교통, 주변 관광지, 공항 리무진 등 여행객에게 필요한 정보를 한눈에 제공하며 해외 관광객을 위한 다국어 관광 정보로 언어 장벽 없는 여행을 지원한다. 특히

객실 내 디지털 사이니지는 룸서비스 주문부터 객실 관리까지 스마트한 투숙 경험을 제공한다. 투숙객들은 터치 한 번으로 객실 온도와 조명을 조절하고, 세탁이나 하우스키핑 서비스를 요청하는 등 더욱 편리하고 안락한 호텔 라이프를 즐길 수 있게 되었다.

이처럼 디지털 사이니지는 호텔과 리조트의 서비스 품질을 한 단계 높이는 주요 인프라로 확산하고 있다. AI 기술과의 결합으로 더욱 정교해질 맞춤형 서비스는 호스피탈리티의 새로운 기준이 될 것으로 기대된다.

2. 공공 서비스의 디지털 진화

공공부문의 디지털 전환이 가속화되면서 디지털 사이니지는 공공 서비스의 새로운 플랫폼으로 진화 중이다. 교통 시스템의 스마트화부터 교육 환경의 혁신, 도시 안전망 구축까지 디지털 전환을 이끄는 주요 동력이 되고 있다.

◆ 디지털 사이니지로 스마트화되는 교통 인프라

교통 시설은 디지털 사이니지를 가장 적극적으로 도입한 공공 영역이다. 버스 노선부터 지하철 운행, 고속버스와 기차 시간표까지 다양한 디지털 안내 시스템이 시민들의 이동을 돕고 있다.

서울시 버스정류장의 스마트 쉘터smart shelter는 버스 도착 정보와 함께 날씨, 미세먼지 정도 등 생활 밀착형 정보를 제공한다. 지하철의 스마트 스크린도어 역시 열차 운행 정보부터 재난 안내, 실시간 주요 뉴스 등을 표시해 대기 시간을 유용한 정보 습득의 기회로 바꾸고 있다. KTX 역사의 스마트 사이니지는 열차 운행과 이동 경로를 안내하며, 서울역과 용산역의 대형 미디어월은 도시 랜드마크 중 하나가 되었다.

아시아의 주요 공항들도 이러한 흐름을 선도하고 있다. 인천국제공항은 세계 최대 규모의 미디어월로 여행객들에게 첨단 도시 한국의 인상을 심어주고 있으며, 자동 체크인 키오스크와 연계된 안내 시스템으로 빠르고 편리한 공항 서비스의 기준을 새롭게 정립했다. 싱가포르 창이공항 역시 제1터미널의 소셜 트리Social Tree를 통해 디지털 아트와 여행객들의 추억을 결합한 혁신적인 미디어 조형물을 선보이며 스마트 공항의 새로운 가능성을 제시하고 있다.

싱가포르 창이 공항, 미디어 조형물 '소셜 트리' (출처: LG전자)

도시의 주요 도로와 교차로에 설치된 디지털 디스플레이는 실시간 교통 상황과 우회로를 안내한다. 도심 곳곳의 VMS Variable Message Signs는 차량 정체구간과 소요시간을 실시간으로 보여주며, 내비게이션 앱과 연동되어 더욱 정확한 정보를 제공한다. 기상 악화나 사고 발생 시에도 신속한 안전 정보 전달로 사고 예방에 도움을 준다. 이러한 지능형 교통 정보 시스템은 실시간 데이터를 시각화하여 도시의 차량 흐름을 원활하게 만드는 데 힘을 보탠다.

◈ 디지털 사이니지로 변화하는 교육 환경

디지털 사이니지의 도입으로 교육 현장이 빠르게 변화하고 있다. 학습자 중심의 맞춤형 교육이 가능해졌고 정보 전달 방식도 효율적으로 바뀌어 궁극적으로 교육의 질적 도약을 이끌어낸다.

교실의 터치스크린 전자칠판은 수업의 모습을 크게 바꾸었다. 교사들은 자료를 실시간으로 수정하며 수업을 진행할 수 있고, 학생들의 참여도 활발해졌다. 3D 모델링과 가상 실험실 등 멀티미디어 콘텐츠는 학생들의 수업 이해를 돕고 학습 흥미를 높였다. 학교 소식, 급식 메뉴, 일정 등도 디지털 게시판으로 빠르게 공유된다.

대학 캠퍼스도 디지털 사이니지로 달라지고 있다. 강의실 배정, 학사 일정, 출결 관리 등 학사 운영이 디지털 사이니지를 통해 실시간으로 이루어지며 도서관의 자료 검색과 좌석 배정도 한결 편리해졌다. 또한 대형 미디어월을 통해 캠퍼스 소식이 전달되고 해외 대학과의 화상

한양대학교, 홍보 콘텐츠 송출용 LED 디스플레이

교류도 활발히 이루어진다. 서울대학교의 차세대 스마트 캠퍼스와 하버드대학교의 첨단 디지털 러닝 랩은 이러한 변화의 대표적인 성공 사례로 주목받고 있다.

디지털 사이니지를 활용한 교육 혁신은 앞으로 AI와 메타버스$_{metaverse}$ 기술의 발전에 힘입어 더욱 가속화될 것으로 보인다. 머지않아 학습자의 행동 패턴을 분석한 맞춤형 콘텐츠 제공, 홀로그램을 활용한 실감형 교육, 글로벌 실시간 협업 학습 등이 가능해질 것이다. 특히 디지털 사이니지는 물리적 공간의 한계를 넘어 가상과 현실이 융합된 미래 교실을 구현하는 핵심 인프라로 자리 잡을 전망이다. 이러한 변화는 단순한 기술 도입을 넘어 교육 패러다임의 근본적인 전환을 이끌어낼 것으로 기대된다.

◆ 디지털 사이니지로 이어가는 스마트 공공 서비스

종이로 된 포스터와 현수막이 가득했던 공공기관과 정부 청사의 풍경이 달라지고 있다. 실시간으로 변하는 화면과 역동적인 멀티미디어 콘텐츠를 담은 디지털 사이니지가 시민들에게 한발 더 가까이 다가가고 있는 것이다. 이는 단순한 디스플레이 교체가 아닌 시민의 안전과 생명을 지키는 새로운 도시 인프라의 탄생을 의미한다.

재난 상황에서 디지털 사이니지의 진가가 발휘된다. 지진이나 화재가 발생하면 중앙 관제 시스템에서 실시간 대피 경로와 안내 메시지를 즉시 내보내는데, 이는 기존의 고정된 안내문으로는 불가능했던 일이다.

경기도 신청사, 홍보 및 방송 콘텐츠 송출용 멀티비전

평상시에도 디지털 사이니지는 시민의 든든한 길잡이가 된다. 미세먼지와 자외선 지수 같은 환경 정보부터 응급실 운영과 백신 접종까지, 시민의 건강과 직결된 정보를 실시간으로 전한다. 여기에 CCTV 연계 범죄 예방과 IoT 센서 기반 위험 감지까지 더해져 시민 안전을 더욱 촘촘히 지킨다. 외국인과 장애인을 위한 맞춤형 서비스는 디지털 사이니지가 모든 시민을 품는 포용적 시설임을 보여준다.

여기에 AI와 빅데이터 기술이 더해지면서 디지털 사이니지는 한 단계 더 진화하고 있다. 이처럼 디지털 사이니지는 시민 개개인에게 꼭 필요한 맞춤형 정보를 전달하고, 도시 전체의 안전과 효율을 높이는 스마트 시티의 핵심 인프라로 자리잡고 있다.

3. 기업 환경의 디지털 도약

디지털 사이니지는 현대 기업의 필수 요소다. 사무실에서는 스마트 오피스 시스템의 중심축이 되어 업무 환경을 개선하고 로비와 전시 공간에서는 생동감 있는 브랜드 스토리텔링을 구현한다. 제조 현장에서도 실시간 생산 정보와 안전 지침을 전달하며 작업 효율과 안전성을 높인다. 이처럼 디지털 사이니지는 기업의 전반적인 운영 체계를 고도화하며 조직의 경쟁력 강화에 이바지하고 있다.

◆ 디지털 사이니지로 구현하는 스마트 오피스

구글과 마이크로소프트 같은 글로벌 기업들은 디지털 사이니지를 활용한 스마트 오피스를 구현해 업무 생산성과 직원 만족도를 크게 향상했다. 이들 기업의 성공 사례는 디지털 사이니지가 현대 사무 환경의 필수 요소로 자리 잡았음을 보여준다.

디지털 사이니지는 사무 공간의 활용도를 극대화한다. 회의실과 업무 공간의 실시간 예약 현황을 표시하여 불필요한 동선을 줄이고 층별 내비게이션으로 방문객과 직원의 이동을 돕는다. 또한 출입구의 디스플레이는 방문객 안내와 주요 공지사항을 효과적으로 전달하는 소통 창구가 된다.

㈜인텍플러스, 방문객 웰컴보드 및 공지사항 게시용 사이니지

업무 현황의 실시간 모니터링 기능은 조직 운영의 효율성을 높인다.

부서별 성과 지표와 프로젝트 진행 상황을 대시보드로 구현해 업무 흐름을 명확히 파악할 수 있어 신속한 의사결정과 긴급 상황 대응도 가능해진다.

디지털 사이니지는 또한 사내 소통을 활성화하는 핵심 도구로 자리잡았다. 회사 소식과 공지사항을 실시간으로 전달하고 직원 소개와 같은 참여형 콘텐츠로 조직 문화를 풍성하게 만든다. 이를 통해 부서 간 정보 공유가 원활해지고 협업 효율이 높아져 전반적인 업무 환경의 질적 향상을 이끌고 있다. 앞으로도 더 많은 기업이 이를 적극적으로 활용해 스마트한 업무 공간을 만들어갈 것으로 전망된다.

◈ 디지털 사이니지로 펼치는 기업 브랜딩

사옥과 쇼룸에 도입된 디지털 사이니지는 기업의 브랜드 가치를 높이는 강력한 도구가 되고 있다. 실시간으로 변화하는 기업 콘텐츠를 역동적으로 전달하며 방문객과 직원들에게 깊은 인상을 남긴다.

기업의 얼굴이라 할 수 있는 로비와 접견실은 디지털 사이니지를 만나 기업 홍보의 새로운 장을 열었다. 시선을 사로잡는 영상과 손짓 하나로 반응하는 인터랙티브 콘텐츠는 기업의 역량을 생생하게 펼쳐 보인다. 건물 곳곳의 디스플레이는 ESG 활동과 사회공헌 스토리를 담아내며 기업의 진정성 있는 메시지를 전한다.

여기서 한 걸음 더 나아가 디지털 사이니지는 특별한 쇼케이스로 거듭난다. 압도적인 크기의 디스플레이가 선보이는 차별화된 경험은 단순한 제품 소개를 넘어 기업의 철학과 비전을 공감각적으로 전달하며 지나치는 발걸음을 자연스레 붙잡는다.

기아 자동차 분당점, 브랜딩 영상 송출용 LED 디스플레이

이러한 디지털 사이니지의 전략적 활용은 기업의 브랜드 이미지를 한층 높이는 데 탁월한 효과가 있다. 앞으로 많은 기업이 디지털 사이니지를 통해 고객과의 의미 있는 접점을 확보하고 지속적인 성장 기반을 다져나갈 것으로 예상된다.

◈ 디지털 사이니지로 구축하는 스마트한 작업 환경

제조, 물류, 건설, 에너지 현장의 풍경이 디지털 사이니지로 인해 크게 달라지고 있다. 현장 곳곳에 설치된 디스플레이가 실시간 데이터를 공유하며 생산성과 품질 관리의 새로운 기준을 만들어가고 있는 것이다.

특히 생산 현장에서 그 변화가 두드러진다. 생산량, 불량률, 설비 가동률이 한눈에 들어오는 직관적인 대시보드는 현장 관리자의 판단력을 한층 날카롭게 만들었다. 목표 달성률이 실시간으로 시각화되니 전체 생산성이 눈에 띄게 향상되었고 품질 검사 결과가 즉시 공유되면서 불량 관리의 사각지대도 사라졌다.

작업장 안전은 이제 새로운 차원으로 도약했다. 지능형 센서와 연동된 디지털 사이니지가 작업장 환경을 24시간 들여다보며 위험 요소를 미리 감지한다. 눈에 띄는 대피로 안내와 생생한 안전 교육 콘텐츠로 작업자들의 안전 의식도 한층 높아졌다.

디지털 사이니지는 작업 현장의 판도까지 바꾸고 있다. 복잡한 작업 매뉴얼이 영상 등으로 쉽게 시각화되어 정확도가 높아졌고 실시간으로 업데이트되는 근무 일정과 자재 정보는 업무 흐름을 한결 매끄럽게 만들었다. 이처럼 디지털 사이니지는 산업 현장의 새로운 동력이 되어

LS ELECTRIC 청주 사업장, 화학물질안전보건 (MSDS) 키오스크

효율과 안전이 공존하는 미래형 작업장을 구현해 가고 있다.

4. 문화 및 엔터테인먼트 공간의 디지털 물결

디지털 사이니지가 문화 공간의 새로운 지도를 그리고 있다. 박물관과 미술관에서는 작품과 디지털의 만남이 색다른 예술적 경험을 만들어내고, 스포츠 경기장과 공연장은 관객의 함성과 디지털 연출이 어우러져 더욱 뜨거운 현장감을 자아낸다. 공간과 기술의 절묘한 만남은 우리가 알던 문화 체험의 경계를 넓히고 있다.

◈ 디지털 사이니지로 가치를 높이는 문화 공간들

문화 공간이 디지털 사이니지를 품으며 가치를 높이고 있다. 멀티미디어 콘텐츠와 상호 작용을 통해 관람객에게 한층 풍성한 경험을 제공한다.

박물관과 미술관은 디지털 사이니지로 예술 체험의 범위를 넓힌다. 영상, 오디오, 3D 콘텐츠가 작품의 숨겨진 이야기를 들려주고, LED 디스플레이와 미디어월은 공간에 새로운 예술적 감성을 더한다. 바닥을 따라 흐르는 플로어형 사이니지는 관람객의 발걸음마다 작품 해설을 비추고 인터랙티브 미디어 아트를 펼쳐낸다. 키오스크형 사이니지는 관람객과의 대화를 시작한다. 관람객들은 화면 터치만으로 원하는 정보를 얻고 취향에 맞는 콘텐츠를 만난다. 이러한 소통은 전시 후기와 설문으로 이어져 더 나은 서비스를 설계하는 밑거름이 된다.

들꽃어린이도서관, 기관 홍보 및 안내 공지용 디지털 게시판

도서관은 신간 소식부터 강좌 일정, 문화 행사까지 실시간으로 전하며 개인별 관심사에 맞춘 정보를 내놓는다. 공연장과 극장은 하이라이트 영상과 배우 인터뷰, 객석 시야각 정보로 공연의 기대감을 미리 전한다.

문화센터와 복합문화공간은 디지털 사이니지로 공간의 가능성을 넓힌다. 강의실과 스튜디오의 실시간 예약 현황부터 다채로운 문화 프로그램 소식까지, 방문객은 원하는 정보를 한눈에 확인할 수 있다. 더욱이 벽면 전체를 수놓는 미디어 파사드는 건물 자체를 하나의 예술 작품으로 탈바꿈시킨다.

이처럼 다양한 문화 공간들은 디지털 사이니지와 함께 더 가깝고 생생한 소통의 무대가 되어가고 있다. 실시간으로 이어지는 쌍방향 소통은 방문객들의 관심과 참여를 높이고 각 공간에서 만들어지는 독특한 문화적 경험은 디지털 시대의 새로운 문화 감수성을 일깨운다.

◈ 디지털 사이니지로 더 즐거워지는 스포츠 경기장

디지털 사이니지는 현대 스포츠 경기장의 새로운 얼굴이 되어 팬들에게 더욱 생생한 관람 경험을 선사하고 있다. 실시간 경기 정보와 다양한 엔터테인먼트가 어우러진 역동적인 콘텐츠로 경기장의 열기를 한층 더 뜨겁게 만든다.

특히 고화질 디스플레이를 통해 제공되는 실시간 경기 정보는 관람의 질을 크게 향상했다. 야구장을 찾은 관중들은 다양한 각도에서 촬영된 리플레이 영상은 물론, 선수들의 상세한 기록과 각종 순위까지 한눈에 확인할 수 있다.

스위스 라이프 아레나Swiss Life Arena의 큐브형 LED 디스플레이
(출처: 삼성전자 뉴스룸)

경기 상황에 맞춰 즉각적으로 업데이트되는 정보들은 관중들의 이해
와 몰입도를 높인다.

디지털 사이니지는 선수 소개와 하이라이트 영상, 응원가 등 풍성한
볼거리를 제공한다. 관중 참여형 이벤트와 투표, 퀴즈 같은 쌍방향
소통 프로그램으로 팬들을 경기의 일부로 끌어들이며, 경기장 동선
안내와 각종 시설 정보로 편의성을 높인다. 비상 상황에서는 신속한
안전 정보 전달로 관중을 보호하는 역할도 수행한다.

이처럼 디지털 사이니지의 도입은 스포츠 경기장을 단순한 경기
관람 공간에서 첨단 엔터테인먼트 공간으로 탈바꿈시켰다. 앞으로도
기술의 발전과 함께 팬들에게 더욱 특별한 경험을 선사할 디지털 사이니
지의 진화가 기대된다.

◆ 디지털 사이니지로 완성하는 이벤트 공간들

디지털 사이니지가 행사장과 공연장에 새로운 활력을 불어넣고 있다.
다소 정적이고 일방적이던 이벤트 공간이 디지털 사이니지를 통해
역동적인 소통의 장으로 탈바꿈하며 관객들에게 더 깊은 몰입감을
선사하고 있다.

현대의 행사장은 기존의 현수막과 피켓을 디지털 사이니지로 대체하
며 완전히 새로운 모습으로 변화했다. 실시간으로 업데이트되는 행사

정보와 다채로운 멀티미디어 콘텐츠는 방문객의 편의성과 만족도를 크게 높였다. 키오스크형 사이니지는 음식 주문부터 결제, 체험 프로그램 신청까지 한 번에 처리해 행사장의 혼잡도를 줄였으며 인터랙티브 이벤트와 맞춤형 광고는 방문객의 자발적 참여를 이끌어내며 새로운 수익원도 창출했다.

인스파이어 아레나, 미디어 콘텐츠 송출용 LED 디스플레이

최근에는 합리적인 가격의 렌탈 서비스가 확대되면서 대형 전시회는 물론, 소규모 행사까지 디지털 사이니지 활용이 보편화되고 있다. 각 행사의 특성과 콘셉트에 맞춘 창의적인 디자인은 브랜드 이미지를 강화하고 정보 전달 효과를 극대화한다.

공연장에서도 디지털 사이니지는 관람 경험을 한층 더 풍성하게 만든다. 관객들은 공연 실황과 하이라이트 장면, 출연진 인터뷰를 실시간으로 접하며 퀴즈와 투표를 통해 공연에 직접 참여할 수 있게 되었다. K-pop 콘서트의 초대형 LED 월은 아티스트의 퍼포먼스와 어우러진 웅장한 그래픽으로 관객들에게 특별한 감동을 전한다.

이처럼 디지털 사이니지는 이벤트 공간을 기술과 예술이 조화를 이루는 새로운 엔터테인먼트의 장으로 진화시켰다. 실시간 정보 제공과 양방향 소통은 관객 만족도와 운영 효율성을 동시에 높이며 공간의 가치를 한층 더 빛내고 있다.

국민건강보험공단
모두를 위한 배리어프리 키오스크 구축

- 프로젝트명: 신용카드 납부용 키오스크 고도화
- 고객사: 금융결제원
- 기간: 2021년 6월 2일 ~ 2021년 12월 15일
- 장소: 국민건강보험공단 14개 지사 및 출장소
- 규모: 신규 키오스크 231대

1. 프로젝트 개요

국민건강보험공단은 국민 누구나 편리하게 4대 보험을 납부할 수 있도록 배리어프리barrier-free 키오스크를 구축했다. 이 프로젝트는 장애인, 고령자, 비장애인을 모두 아우르는 접근성을 갖춘 맞춤형 하드웨어와 사용자 친화적인 소프트웨어를 설계하는 데 중점을 두었다.

설치된 키오스크는 점자 패드, 이어폰 단자, 휠체어 사용자를 고려한 설계 등 다양한 사용자 맞춤형 기능을 제공하며 금융결제원에서 지정한 보안 규정을 철저히 준수하여 개발되었다.

2. 기술적 도전과 솔루션

■ 전국 단위 설치 및 운영 환경 차이

설치 장소가 전국에 분산되어 작업 환경이 상이한 점이 주요 과제였다. 지사별로 다른 공간 구조와 기존 시설물 배치, 그리고 이용자 동선 등을 모두 고려해야 했다.

• 각 장소별 작업 환경을 사전 조사하고 지역 특성에 맞춘 유연한 설치 계획 수립
• 설치 일정 변경에 신속히 대응할 수 있는 체계적인 운영 체계 구축

■ 배리어프리 하드웨어 설계

다양한 장애 유형과 연령대의 사용자들이 불편함 없이 이용할 수 있는 키오스크 설계가 핵심 과제였다. 시각장애인, 휠체어 사용자, 고령자 등 다양한 사용자층의 특성을 고려한 맞춤형 하드웨어 설계가

요구되었다.

- 점자 패드, 근접 센서, 이어폰 단자, 음성 출력 스피커 등 다양한 보조 장치를 통합 설계
- 휠체어 사용자의 편리한 접근을 위해 하단 여유 공간 확보 및 조작부 높이 최적화
- 고령자를 위한 대형 터치스크린과 직관적인 버튼 배치로 사용성 향상

■ 보안 및 개인정보 보호

4대 보험료 납부를 위한 금융 정보와 개인정보를 처리하는 만큼, 엄격한 보안 기준 충족이 필수적이었다. 특히 금융결제원의 보안 규정을 준수하면서도 사용자 편의성을 해치지 않는 균형 잡힌 시스템 구현이 중요한 과제였다.

- 암호화 및 위변조 방지 프로그램을 적용하여 데이터 송수신의 안정성을 확보
- 금융결제원의 보안 인증 기준을 준수하며 취약점 분석 및 평가 완료

3. 주요 성과

■ 대규모 키오스크 설치

2021년 전국 14개 지사에 신규 키오스크 93대를 설치하고, 이후 2024년까지 138대를 추가 설치해 총 231대의 설치를 완료했다.

■ 배리어프리 설계로 접근성 강화

모든 사용자에게 직관적이고 편리한 사용 환경을 제공하며 공공 서비스 이용 편의성을 높였다.

■ 안정적인 보안 체계 확보

민감한 금융 정보가 안전하게 처리되도록 보안 시스템을 강화하고 데이터의 무결성을 확보했다.

4. 시사점과 향후 과제

본 프로젝트는 전국 단위의 대규모 공공기관에 배리어프리 키오스크를 성공적으로 구축한 사례로 사회적 약자를 포함한 모든 국민의 편의를 증진하는 데 기여했다. 특히 하드웨어와 소프트웨어를 통합 설계하고 철저한 보안 기준을 준수한 점에서 공공기관 디지털화의 모범 사례로 평가된다.

향후 유사 프로젝트에서는 배리어프리 설계의 디테일을 더욱 강화하고 장애인 및 고령자 테스트 그룹을 통해 개선된 설계를 도출해야 한다. 또한 전국 단위의 설치 프로젝트에서는 작업 일정과 환경 변화에 더욱 유연하게 대응할 수 있는 협업 체계를 강화할 필요가 있다.

이 프로젝트는 단순히 디지털 사이니지를 설치하는 것을 넘어 공공기관 서비스의 디지털 접근성을 혁신적으로 개선한 사례로 향후 다양한 공공부문 디지털화 사업에 귀중한 참고 자료가 될 것이다.

Chapter 05
디지털 사이니지
프로젝트

디지털 사이니지의 성공적인 구축과 안정적인 운영은 체계적인 계획과 관리를 토대로 이루어진다. 초기 기획부터 설치, 유지 보수에 이르는 전 과정에서 세심한 접근이 필수적이다. 프로젝트 각 단계의 체계적 분석과 효율적 운영 가이드라인은 설치 환경을 최적화하고 사용자 경험을 개선하여 궁극적으로 디지털 사이니지의 잠재적 가치를 극대화할 것이다.

1. 프로젝트 기획 프레임워크

디지털 사이니지는 현대 비즈니스의 중요한 커뮤니케이션 도구다. 이를 효과적으로 활용하기 위해서는 체계적인 기획이 필수적이며 각 공간과 목적에 최적화된 시스템을 구축하기 위해서는 세심한 준비가 요구된다. 성공적인 프로젝트는 목적, 대상, 예산, 환경을 분석하고 검토하는 것에서부터 시작된다. 이러한 기초 작업을 통해 프로젝트의 방향성을 명확히 하고 비용 효율적인 디지털 사이니지 구축이 가능해진다.

◆ 목적: 어떤 용도로 사용할 것인가?

디지털 사이니지 프로젝트는 도입 목적이 무엇인가를 명확히 하는 것에서부터 시작된다. 이는 프로젝트의 성공 여부를 좌우하는 중요한 일로, 만약 목적이 명확하지 않다면 불필요한 기능 추가나 자원 낭비로 이어질 수 있다.

목표는 구체적이고 측정 가능한 형태로 설정해야 한다. '매출 증대'나 '고객 만족' 같은 모호한 목표보다는 '신제품 구매 전환율 20% 향상', '매장 체류 시간 30% 상승' 등 구체적이고 측정 가능한 목표를 설정해야 한다. 이렇게 설정된 목표는 콘텐츠 기획과 기술 선택의 방향을 제시하며 프로젝트의 성과를 객관적으로 평가할 수 있는 기준이 된다.

디지털 사이니지의 주요 활용 목적은 크게 다음의 네 가지로 정리할 수 있다.

◉ 마케팅 및 광고

브랜드 인지도 향상, 제품·서비스 홍보, 프로모션 안내 등 마케팅 및 광고 목적으로 도입되는 디지털 사이니지는 가장 보편적이면서도 효과적인 활용 사례다. 백화점 입구에서 신상품 소식을 알리고, 음식점에서 세트 메뉴 프로모션을 보여주고, 은행 로비에서 금융 상품을 소개하고, 매장 쇼윈도우에서 시즌 컬렉션을 선보이는 등의 디지털 사이니지는 이미 우리 일상에서 익숙하다. 효과적인 마케팅 및 광고 도구로서의 디지털 사이니지는 특히 소비자와의 접점에서 강력한 힘을 발휘한다.

◉ 고객 경험 강화

맞춤형 정보 제공, 양방향 소통, 편의성 증대 등 더 나은 고객 경험을 제공하려면 디지털 사이니지가 효과적인 해답이 될 수 있다. 병원에서 순번을 안내하거나 호텔에서 편의시설 정보를 제공하는 디지털 사이니지는 고객의 불편을 줄이고 편리함을 더한다. 또한 공항의 운항 정보 안내 키오스크, 매장의 디지털 카탈로그처럼 인터랙티브 기술을 접목하면 고객과의 소통이 가능해져 참여를 유도할 수도 있다.

◉ 운영 효율성 향상

디지털 메뉴보드나 스마트 주차 안내 시스템처럼 디지털 사이니지는 운영 과정을 단순화하고 비용을 절감하는 데 탁월한 도구가 된다. 이러한 솔루션은 공간의 디지털화를 넘어서 운영 방식 자체를 바꾸는 전환점을 만들어낸다.

▣ 내부 소통 및 안전 관리

기업 내부에서도 디지털 사이니지는 중요한 역할을 한다. 사내 알림판을 통해 구성원 간의 커뮤니케이션을 강화하고 환경 모니터링으로 쾌적한 환경을 만들며 비상 상황에서 대피 경로를 안내하는 등 실질적인 도움이 된다.

◆ 대상: 시청자는 누구인가?

디지털 사이니지를 성공적으로 운영하고 싶다면 시청자를 제대로 이해해야 한다. 누구를 대상으로 할지 명확히 정의하면 콘텐츠 기획부터 시스템 설계, 운영 전략까지 모든 과정이 효율적으로 이어질 수 있다.

▣ 시청자 그룹의 분류

시청자는 주로 디지털 사이니지가 설치된 환경 특성에 따라 세 유형으로 나뉜다.

• 고객층: 상업 시설(소매점, 음식점, 백화점 등)의 고객, 서비스 시설(은행, 병원 등)의 이용자, 공공시설(공항, 역사 등)의 방문객
• 일반 대중: 거리와 매장의 유동 인구, 건물 외벽과 옥외 광고물 노출 대상

• 내부 구성원: 기업 임직원, 매장 근무자, 시설 관리자

▣ 시청자 분석 요소

시청자 분석은 주로 다음의 세 요소를 중심으로 한다.

• 인구 통계학적 특성: 나이, 성별, 소득 수준, 직업, 주요 생활 반경
• 행동 패턴: 방문 시간대, 체류 시간, 시설 내 주요 동선, 구매 의사결정 방식
• 미디어 소비 습관: 선호 콘텐츠 유형, 상호 작용 방식, 집중 시간, 디지털 기기 활용도

▣ 시청자 분석 활용

수집된 시청자 데이터는 콘텐츠 기획부터 디스플레이 설치까지 디지털 사이니지의 전반적인 전략 수립에 활용된다.

• 콘텐츠 기획: 분석 결과를 바탕으로 적합한 콘텐츠 스타일과 구성 수준을 설정
• 노출 전략: 방문 시간대와 행동 패턴을 고려해 최적의 노출 시간과 디스플레이 위치를 계획
• 사용자 인터페이스: 선호하는 상호 작용 방식을 반영해 직관적이고 편리한 UI 설계

시청자 분석 결과는 실제 운영에서 다양한 형태로 구현된다. 디지털

환경에 익숙한 젊은 층이 주로 찾는 레스토랑은 터치스크린 주문과 SNS 연동 서비스를 내세우며, 고령층 환자가 많은 병원은 가독성 높은 서체를 쓰고 정보 전달 속도를 조절한다. 또 쇼핑몰은 폭넓은 연령대의 고객을 사로잡기 위해 대형 세로형 스크린에 시선을 끄는 콘텐츠를 담아낸다.

이처럼 디지털 사이니지는 시청자의 특성과 상황에 맞춰 최적화된 소통 방식을 제공할 때 비로소 그 가치를 실현할 수 있다. 따라서 시청자에 대한 체계적인 이해와 분석은 성공적인 디지털 사이니지 구축의 필수 요소라 할 수 있다.

◆ 예산: 얼마를 투자할 것인가?

디지털 사이니지 도입은 단순한 비용 문제가 아니라 기업의 미래 경쟁력을 강화하기 위한 전략적 투자다. 따라서 명확한 도입 목적과 기대 효과를 바탕으로 효율적인 예산 책정이 필요하다.

▣ 투자 규모 결정하기

투자 규모를 결정할 때는 크게 세 가지를 고려해야 한다.

첫째, 구축할 시스템의 수준이다. 단순 정보 표시용인지, 고객 상호 작용과 데이터 분석까지 가능한 고도화된 시스템인지에 따라 예산 규모가 크게 달라진다. 둘째, 초기 구축 비용이다. 디스플레이 장비,

네트워크 인프라, 운영 프로그램 라이선스, 설치 공사비 등을 빠짐없이 고려해야 한다. 셋째, 운영 유지 비용이다. 전기세와 통신비 같은 기본 운영 비용과 정기적인 유지 보수, 콘텐츠 제작, 시스템 관리 인력의 인건비 등이 포함된다.

▣ 투자 가치 평가하기

디지털 사이니지의 투자 가치는 두 가지 관점에서 평가할 수 있다. 첫째는 매출 증가, 마케팅 비용 절감, 운영 효율성 개선 등 수치로 확인할 수 있는 가치다. 여기에 입점 브랜드나 관련 서비스의 광고를 통한 새로운 수익 창출도 포함된다. 둘째는 수치화하기 어려운 가치로, 브랜드 이미지 강화, 고객 경험 향상, 매장 분위기 개선 등이 이에 해당한다. 이러한 요소들은 장기적으로 브랜드 가치를 높이는 데 중요한 역할을 한다.

▣ 현명한 투자 전략

초기 투자 부담이 크다면 주요 매장에서 먼저 시범 운영해 보고 그 성과에 따라 점차 확대하는 대안도 있다. 장비 렌탈을 활용하거나 광고 수익으로 운영비를 상쇄할 수도 있다. 디지털 전환 지원 사업, 스마트 상점 기술 보급 사업, 스마트 도시 및 디지털 인프라 사업 등 정부의 지원 사업을 활용해 초기 도입 비용을 절감하거나 디지털화 전략을 강화하는 것도 좋은 방법이다.

디지털 사이니지 도입은 본인 또는 자사의 상황에 맞는 맞춤형 접근이 필요하다. 초기 투자와 운영 비용을 꼼꼼히 검토하되, 창출되는 다양한 가치를 종합적으로 고려해 최적의 투자 방안을 도출해야 한다.

◆ 환경: 어디에 설치할 것인가?

아무리 좋은 장비라도 잘못된 위치에 설치하면 그 효과를 제대로 발휘할 수 없다. 설치 환경에 대한 철저한 사전 분석은 성공적인 디지털 사이니지 운영의 기초다.

▣ 실내외 환경 특성 파악하기

실내 설치를 고려할 때, 가장 먼저 해야 할 일은 공간 구조를 파악하는 것이다. 공간의 크기와 형태, 기존 설비 위치, 그리고 구조적 안정성과 하중 지지력을 확인해야 한다. 또한 전기 설비 현황을 점검하고 디스플레이가 잘 보이도록 주변 조명 조건도 고려해 본다. 실외 설치는 더욱 세심한 주의가 필요하다. 직사광선이 비치는 곳이라면 화면이 잘 보이도록 밝기를 더 높여야 한다. 이 외에도 강우량, 계절별 온도 변화, 주변 환경 영향까지 꼼꼼히 점검하여 방수·방진, 내구성 등의 보호 대책을 마련해야 한다.

아무리 좋은 콘텐츠도 보이지 않으면 소용없다. 설치 위치 선정에는 사람들의 동선을 고려해야 한다. 한 공간 안에서도 사람들이 많이 지나는 곳, 발걸음이 멈추는 곳 같은 최적의 위치를 찾는 것이 중요하다. 화면 크기도 설치 위치에 따라 달라진다. 가까이서 볼 수 있는 곳이면 작아도 충분하지만, 멀리서 봐야 한다면 더 큰 화면이 필요하다.

▣ 기술 인프라 확인하기

디지털 사이니지는 전기와 인터넷 없이 작동할 수 없으므로 기술적 인프라도 꼭 확인해야 한다. 전기가 충분히 공급될 수 있는지, 인터넷 연결은 안정적인지, 나중에 수리나 점검이 필요할 때 쉽게 접근할 수 있는지 등을 살펴본다. 또한 앞으로의 확장 가능성도 고려하면 좋다. 처음에는 단순한 시스템으로 시작하더라도 나중에 새로운 기능을 추가하거나 시스템을 확장할 수 있도록 여유 있게 설계한다.

이처럼 꼼꼼한 설치 환경 분석은 성공적인 디지털 사이니지 구축의 토대가 되며 초기 투자 비용 절감은 물론, 안정적인 운영과 우수한 성과 달성으로까지 이어진다. 이러한 기초 작업이 향후 발생할 수 있는 여러 문제를 예방해 줄 수 있다.

현장 분석 체크리스트

1. 환경 조건
- ☐ 시간대별 조도 변화 측정
- ☐ 직사광선 노출 시간과 각도
- ☐ 야간 가시성
- ☐ 온습도 변화 범위
- ☐ 전자파 간섭 현황

□ 진동/충격 위험
□ 먼지/분진 노출 정도
□ 방수·방진 등급 요건

2. 공간 구조
□ 디스플레이 설치 공간
□ 유지 보수용 여유 공간
□ 시청 거리 및 최적 각도
□ 케이블 배선 경로
□ 천장/벽면 하중 지지력
□ 벽면 재질 및 강도
□ 비상구/소화설비 이격 거리
□ 내진 설계 요건

3. 기술 인프라
□ 전원 용량 및 안전성
□ 콘센트 위치와 수량
□ 전용 회로 설치 가능 여부
□ 백업 전원 설치 검토
□ 별도(단독) 전기 배전반 검토

4. 통신 환경
□ 네트워크 인프라 상태
□ 데이터 전송 속도
□ 무선 통신 품질
□ 통신 장비 설치 공간

5. 안전 및 규제

- ☐ 전기 안전 기준
- ☐ 구조물 안전 기준
- ☐ 야간 조명 제한
- ☐ 접지 설비 요건
- ☐ 소방법 준수 요건
- ☐ 건축법 제한 사항
- ☐ 안전 인증 필요성
- ☐ 옥외 광고물 규제

6. 운영 계획

- ☐ 운영 시간 확인
- ☐ 관리자 배치 계획
- ☐ 콘텐츠 갱신 주기
- ☐ 긴급 상황 대응책
- ☐ 물리적 보안 장치
- ☐ 데이터 보안 수준
- ☐ 접근 통제 방식
- ☐ 모니터링 체계

7. 시공 준비

- ☐ 자재 반입로 확보
- ☐ 작업 시간 제약
- ☐ 주차/하역 공간
- ☐ 폐기물 처리 방안
- ☐ 임시 전력 공급

8. 주변 환경
☐ 유동인구 패턴
☐ 주변 상권 분석
☐ 계절별 영향 검토
☐ 향후 확장 가능성
☐ 주변 환경과의 조화

※ 이 체크리스트는 현장 상황에 따라 추가적인 검토 항목이 필요할 수 있다.

2. 시스템 구성을 위한 마스터플랜

디지털 사이니지는 디스플레이부터 네트워크까지 각 요소의 긴밀한 상호 작용으로 구동되는 첨단 미디어 플랫폼이다. 성능과 안정성을 모두 갖춘 시스템을 구현하려면 개별 구성 요소의 특성을 정확히 파악하고 이들을 통합적으로 아우르는 최적의 시스템 구성을 추구해야 한다.

◆ 디스플레이 선택 가이드

디지털 사이니지 업계에는 '대대익선(大大益善)', 즉 '화면은 클수록 좋다'라는 말이 있다. 확실히 큰 화면이 시선을 사로잡고 메시지를 효과적으로 전달하기는 하지만, 그렇다고 공간과 예산이 제한적인 현실에서 무턱대고 큰 디스플레이를 선택할 수는 없다. 공간과 환경에 맞는

최적의 디스플레이를 선정하려면 다양한 요소를 종합적으로 고려해야
한다.

▣ LCD와 LED[10]

디지털 사이니지 시장에서 디스플레이 기술은 빠르게 발전하고 있다.
OLED, QLED, Mini-LED 등 새로운 디스플레이 기술이 속속 등장하고
있지만, 비용 효율성과 유지 관리 측면에서 여전히 LCD와 LED가
시장의 주류를 이루고 있다.

LCD는 실내 중소형 공간의 강자다. 근거리에서 보는 선명한 화질,
합리적인 가격, 그리고 중소형 크기에서의 뛰어난 에너지 효율성이
장점으로, 회의실이나 소매 매장처럼 텍스트나 간단한 이미지 콘텐츠를
주로 표시하는 곳이라면 최적의 선택이다. 반면 LED는 실외에서 특히
빛을 발한다. 날씨 변화에 구애받지 않고 안정적으로 작동하며 강한
햇빛 아래에서도 선명한 화면을 유지하기 때문에 대형 광고판 같은
야외 공간은 물론, 넓고 밝은 실내 로비처럼 멀리서도 잘 보여야 하는
곳이라면 LED가 단연 안성맞춤이다.

▣ 설치 환경에 맞는 사양 고르기

실내용과 실외용 디스플레이는 필요한 사양부터 다르다. 실내라면
일반적인 밝기(300~500nit)로도 충분하지만, 실외에서는 최소

---

10) 상세 기술 사양은 'Chapter 03. 디지털 사이니지의 구성 요소 1. 하드웨어(1):
디스플레이' 참조

1,000nit 이상, 직사광선이 비치는 곳이라면 2,500nit 이상의 밝기가 필요하다. 방수·방진 등급도 실내는 기본 수준이면 되지만, 실외는 IP65 이상의 높은 보호 등급이 요구된다.

시청 거리도 중요한 고려 사항이다. LCD의 경우 1~2m의 근거리에서 볼 때는 FHD급 해상도면 충분하지만, 2~5m 거리라면 4K 해상도를 권장한다. LED는 더 멀리서 보는 경우가 많은데 일반적으로 픽셀 피치(P값)에 3을 곱하면 가장 선명하게 보이는 거리(m)가 나온다.(예: P4 LED의 경우, 4×3=12m에서 가장 선명)

설치 환경에 따른 디스플레이 선택에 관해서는 【디스플레이 선택 가이드】를 참조하기 바란다.

▣ 장기적인 관점에서 생각하기

디스플레이는 한번 설치하면 몇 년씩 사용하는 장비이므로 초기 비용뿐 아니라, 수명과 운영 비용까지 꼼꼼히 따져봐야 한다. 디스플레이의 수명은 사용 용도와 운영 시간에 따라 다르지만, 하루 16~18시간을 운영하는 상업용 디스플레이는 4~5년 정도, 24시간 연속 운영하는 산업용은 5년 이상 지속적인 성능 저하 없이 안정적으로 작동한다.

또한 처음에는 비용이 많이 들더라도 운영과 관리가 편한 제품을 선택하는 것이 현명한 선택이다. 전기 요금, 정기 점검 비용, 부품 교체 비용 등 장기적으로 발생하는 비용까지 고려해서 최적의 선택을

해야 한다.

◆ 콘텐츠 재생의 설계

이제 콘텐츠를 어떻게 재생할지 결정해야 한다. 현재 시장에서는 간단하고 안정적인 USB 방식(20%)과 복잡하고 기능이 풍부한 셋톱박스 방식(80%)이 주로 사용되고 있다.

▣ USB? 셋톱박스?

USB 방식은 말 그대로 USB에 콘텐츠를 담아 디스플레이의 포트에 꽂기만 하면 된다. 월 1회 정도 메뉴보드를 바꾸는 식당이나 기본적인 안내 화면만 있으면 되는 곳이라면 이보다 좋은 선택이 없다. 설치가 쉽고 관리가 편하며 무엇보다 비용이 저렴하기 때문이다. 반면 셋톱박스는 더 많은 기능이 있다. 실시간으로 콘텐츠를 바꾸고 여러 매장의 화면을 한 번에 관리할 수도 있다. 대형 마트나 백화점처럼 콘텐츠를 자주 바꿔야 하는 곳, 실시간 정보를 보여줘야 하는 곳이라면 셋톱박스가 필수다.

▣ 셋톱박스 운영체제: 안드로이드? 윈도우?[11]

셋톱박스를 선택했다면 이제 운영체제를 골라야 한다. 현재 전체 시장의 80%를 차지하는 셋톱박스 방식 중 안드로이드 기반이 50%, 윈도우 기반이 30%를 차지하고 있다. 안드로이드 기반 셋톱박스는

---

11) 셋톱박스 운영체제에 대한 상세한 내용은 'Chapter 03. 디지털 사이니지 구성 요소 2. 디스플레이 이면의 기술들' 참조

합리적인 가격과 다양한 앱 호환성을 무기로, 윈도우 기반 셋톱박스는 뛰어난 성능과 확장성을 장점으로 시장을 양분하고 있다.

안드로이드 기반 셋톱박스는 스마트폰처럼 사용하기 쉽고 저렴하다. 프랜차이즈 매장이나 식당, 의류 매장처럼 일반적인 콘텐츠 재생이 주목적이라면 안드로이드로도 충분하다. 그런가 하면 윈도우 기반 셋톱박스는 컴퓨터처럼 강력한 성능을 자랑한다. 3D 그래픽이나 복잡한 인터랙티브 기능이 필요하다면 윈도우가 적합하다. 박물관이나 대형 전시관, 기업 홍보관처럼 화려한 영상이나 특별한 기능이 필요한 곳에서 주로 사용된다.

재생 방식을 고를 때는 콘텐츠를 얼마나 자주 바꿀지, 여러 디스플레이를 한 번에 관리하는지, 실시간으로 정보를 업데이트할 필요가 있는지, 관리할 인력과 예산은 충분한지를 생각해 봐야 한다. 처음부터 무조건 비싸고 복잡한 시스템을 고를 필요는 없다. 상황과 환경에 맞는 적절한 방식을 선택하고 필요에 따라 천천히 발전시켜 나가는 것이 현명한 방법일 수 있다.

◆ 사이니지 솔루션의 전략적 선택

디지털 사이니지 시스템을 구축하기로 했다면 콘텐츠를 어떻게 관리할지 결정해야 한다.

흔히 사이니지 솔루션이라고 부르는 CMS(콘텐츠 관리 시스템)는 크게 세 가지 방식으로 나뉜다.[12] 각각의 방식은 운영 환경과 요구사항에 따라 적합도가 달라지므로 신중한 선택이 필요하다.

▣ 설치형

설치형은 말 그대로 자체 서버에 직접 설치해 사용하는 방식으로 완전한 제어를 원하는 기업에 적합하다. 데이터 보안이 최우선이거나 독립적인 시스템 운영을 원하는 기업이라면 최적의 선택이 될 수 있다. 모든 것을 직접 컨트롤할 수 있는 만큼, 민감한 데이터를 다루는 금융업이나 공공기관에서 주로 선호한다. 다만 초기 구축 비용이 많이 들고 운영을 위한 전문 인력도 필요하다. 따라서 시스템 규모가 50대에서 최대 1,000대 이하인 소규모에서 중규모 사이니지 운영에 적합하다.

▣ 클라우드형

클라우드형은 월정액을 내고 사용하는 방식으로 유연성과 편리함을 우선하는 기업에 적합하다. 초기 비용 부담이 적고 전문적인 관리와 기술 지원을 받을 수 있어 특히 여러 지점을 한 번에 관리해야 하는 기업에 추천한다. 예컨대 전국적으로 매장이 분산된 프랜차이즈 브랜드는 클라우드형을 통해 콘텐츠를 손쉽게 배포하고 수정할 수 있다. 클라우드 환경의 표준화된 시스템 안에서 운영되므로 맞춤형 기능 구현은 어렵지만, 대신 유지 보수와 확장성이 뛰어나 중규모 이상의 기업에 유리하다.

---

12) 사이니지 솔루션에 대한 상세한 내용은 'Chapter. 03 디지털 사이니지 구성 요소 3. 소프트웨어: 디지털 사이니지 시스템의 두뇌' 참조

◉ 구축형

구축형은 완전히 새로운 시스템을 처음부터 설계하는 방식으로 기업의 요구사항에 맞춘 독창적인 기능을 구현할 수 있다. 주로 1,000대 이상의 디스플레이를 운영하거나 고도화된 맞춤형 콘텐츠 전략을 추진하는 기업들이 선택한다. 그러나 개발에 많은 시간과 비용이 소요되고 초기 투자뿐만 아니라 운영 비용도 높아 부담이 될 수 있다. 하지만 특정 산업에 최적화된 고유의 경쟁력을 확보하려는 기업이라면 이 방식이 적합하다.

사이니지 솔루션을 선택할 때는 운영 규모, 전문 인력 보유 여부, 데이터 보안 중요성, 예산, 확장성 등을 따져봐야 한다. 소규모 운영 시에는 설치형이나 클라우드형으로 시작하는 것이 안전하다. 디지털 사이니지 시장은 최근 클라우드형으로 급속히 전환되고 있다. 초기 구축 비용이 적고 안정적인 운영이 가능하다는 장점 때문이다. 각 방식의 장단점을 전략적으로 활용한다면, 기업의 필요를 충족하면서도 효율적인 디지털 사이니지 시스템을 구축할 수 있을 것이다.

디스플레이 선택 가이드

• 공간 특성
  - 실내 소형 매장: LCD (적정 밝기, 경제성)
  - 대형 옥외 광고: LED (내구성, 시인성)
  - 실내 대형 로비: LED (시각적 효과, 넓은 시야각)

- 회의실/교육장: LCD (텍스트 선명도)

• **환경 조건**
    - 강한 채광 공간: LED (고휘도)
    - 좁은 통로: LCD (근거리 시청 최적화)
    - 야외 시설: LED (내구성, 시인성)
    - 실내 상업 공간: LCD (인테리어 조화)

• **활용 목적**
    - 상세 정보 표시: LCD (텍스트 가독성)
    - 브랜드 홍보: LED (색감 표현력, 대형화)
    - 안내/정보 전달: LCD (선명도)
    - 이벤트/프로모션: LED (시각적 주목도)

• **예산/운영 계획**
    - 제한적 예산: LCD (초기 투자 절감)
    - 장기 운영: LED (내구성, 에너지 효율)
    - 주기적 교체: LCD (교체 비용 절감)
    - 고정 설치: LED (유지 보수 편의성)

• **콘텐츠 특성**
    - 텍스트 중심: LCD (고해상도)
    - 영상/이미지: LED (색 재현율)
    - 실시간 정보: LCD (반응 속도)
    - 대형 광고: LED (시인성)

- 유지 보수 환경
    - 접근성 높은 공간: LCD/LED 모두 적합
    - 접근 제한 공간: LED (모듈 교체)
    - 열악한 환경: LED (방진성, 내구성)

- 디자인 요소
    - 현대적 인테리어: LCD (슬림 디자인)
    - 대형 공간: LED (확장성)
    - 비정형 설치: LED (설치 유연성)
    - 미니멀 디자인: LCD (깔끔한 외관)

66 디스플레이 선정 체크리스트 99

1. 설치 환경
☐ 실내/실외 설치 구분
☐ 자연광 노출 정도 및 시간
☐ 시청 거리/각도 측정
☐ 온습도 환경 분석
☐ 방진·방수 수준
☐ 소음 제한치
☐ 외부 충격 위험도

2. 디스플레이 규격
☐ 최적 화면 크기

☐ 공간 제약 조건
☐ 필요 해상도
☐ 화면 비율
☐ 베젤 사양

3. 화면 성능
☐ 밝기 수준
☐ 명암비
☐ 응답 속도
☐ 색 재현율
☐ 시야각
☐ 재생률

4. 설치 및 구조
☐ 설치 방식
☐ 하중 지지 구조
☐ 전원 설계
☐ 케이블링 계획
☐ 방열 시스템
☐ 유지 보수 동선
☐ 멀티스크린 구성

5. 운영 환경
☐ 운영 시간
☐ 목표 수명
☐ 전력 효율성

☐ 밝기 자동 조절
☐ 원격 관리 기능
☐ 긴급 상황 대응

6. 콘텐츠 요구사항
☐ 주요 콘텐츠 유형
☐ 상호 작용 기능
☐ 음향 출력
☐ 실시간 데이터 표시
☐ 미디어 재생 사양
☐ 특수 기능

7. 보안 및 네트워크
☐ 네트워크 구성
☐ 보안 수준
☐ 원격 접근 관리
☐ 데이터 백업
☐ 콘텐츠 보안
☐ 사용자 권한

8. 비용 분석
☐ 구매 비용
☐ 설치 비용
☐ 운영 비용
☐ 유지 보수 예산
☐ 에너지 비용

9. 인증 및 규제
  ☐ 필수 인증
  ☐ 전자파 규격
  ☐ 에너지 효율 등급
  ☐ 안전 규정
  ☐ 환경 기준

10. 사후 관리
  ☐ 보증 조건
  ☐ 부품 수급
  ☐ 기술 지원
  ☐ 비상 대응
  ☐ 운영 교육

※ 이 체크리스트는 프로젝트의 특성과 우선순위에 따라 항목별 중요도를 조정하여 활용할 수 있다.

3. 디지털 사이니지 시스템 구축 프로세스

디지털 사이니지 시스템 구축은 단순히 디스플레이를 설치하는 작업이 아니다. 현장에서는 전기, 네트워크 연결, 심지어 구조적 안정성 부족 같은 뜻밖의 문제들이 발생하곤 한다. 따라서 설치 전 현장 실사를 통해 전기 용량과 배선, 구조물 하중, 네트워크 환경 등을 꼼꼼히 점검해야 한다. 이후 체계적인 설치 지침에 따라 작업하고 시스템 안정화를 위한 종합적인 테스트를 진행한다면 대부분의 문제를 예방할 수 있다.

◆ 완벽한 설치를 위한 준비

시간과 비용이 많이 투자되는 프로젝트인 만큼, 디지털 사이니지 시스템 구축은 꼼꼼한 준비 없이는 시작조차 하기 어렵다. 실제 구축 전에 꼭 거쳐야 하는 세 가지 과정이 있는데 바로 시제품 시연, 공장 출하 검사, 현장 설치 전 최종 점검이다.

가장 먼저 거쳐야 할 관문이 시제품 시연이다. 설치 전에 실제 구동 상태를 꼭 확인해야 한다. 화면이 생각한 대로 표현되는지, 소리는 어떤지, 발열은 괜찮은지 등 세세한 부분까지 점검해야 한다. 다음은 공장 출하 검사다. 제품이 공장에서 나오기 전, 모든 기능이 정상 작동하는지 꼼꼼히 살펴봐야 한다. 이 과정을 건너뛰었다가 현장에서 제품 불량을 발견한다면 현장 작업이 중단되어 프로젝트 전체 일정이 지연될 수 있다.

마지막 관문은 현장 설치 전 최종 점검이다. 이 단계에서 가장 신경 써야 할 것이 바로 인프라다. 대형 디스플레이를 설치하려는데 벽이 약하다거나 4K 콘텐츠를 내보내야 하는데 네트워크가 못 따라간다거나 하는 상황은 정말 곤란하다. 따라서 벽면 하중, 전원 용량, 네트워크 대역폭 등을 면밀히 조사해야 한다.

이런 준비 과정이 다소 번거롭고 과하게 느껴질 수도 있다. 하지만

이 과정을 충실히 거친 만큼 실제 설치는 수월해진다. 현장에서 마주치는 예상치 못한 변수들도 줄어들고 설치 후의 안정적인 운영도 보장할 수 있다. 결국 시간이 좀 걸리더라도 차근차근 준비하는 것이 가장 빠른 지름길이다.

◈ 시스템 구축의 기술

아무리 완벽하게 계획하고 준비했더라도 막상 현장에서는 예상치 못한 상황들이 연달아 튀어나올 수 있다. 예를 들어 겉으로는 멀쩡해 보이던 벽이 속은 엉망인 경우가 많다. 콘크리트 벽이라도 생각보다 쉽게 부서지기도 하고, 벽 속 철근이 설치 위치와 충돌해 정확한 고정이 불가능한 때도 있다. 그러면 현장 상황에 맞춰 설치 위치를 살짝 조정하거나 앵커 타입을 바꿔가며 대응해야 한다. 또 천장형으로 설치했더니 건물의 미세한 진동이 그대로 전달되어 화면이 흔들리는 일도 있다. 이럴 때는 보강재를 추가하거나 진동 방지 패드를 덧대야 한다. 때로는 설치 각도를 살짝 조정해서도 문제를 해결할 수 있다.

전기 배선 작업 중에는 전선 피복 하나라도 잘못 벗겨지면 사고로 이어질 수 있으므로 주의해야 한다. 특히 전원 연결부 작업은 손이 충분히 들어갈 공간을 확보하면서도 마감할 때는 안전하게 밀봉해야 하는 까다로운 작업이다. 네트워크 케이블은 너무 느슨하거나 조이지 않게 하고 신호가 약해질 수 있으니 적당한 곡선을 그리며 배선해야 한다.

실외 설치는 신경 쓸 것이 더 많다. 나중에 비가 새거나 습기가 차서 장비가 망가질 수도 있으니 모든 연결부를 실리콘으로 꼼꼼히 막고 통풍구는 빗물이 절대 들어가지 않는 방향으로 설치한다. 마감 작업도 중요하다. 케이블은 여유 길이를 충분히 확보하되 보기 좋게 정리하고 나중에 유지 보수할 때 찾기 쉽도록 색깔별로 묶고 라벨도 달아둔다.

결국 현장 설치는 경험과 노하우의 집약체다. 예상치 못한 상황이 발생해도 당황하지 않고 순간순간 최적의 해결책을 찾아내는 능력이 필요하다.

◈ 완벽을 위한 마지막 점검

설치가 끝났다고 모든 과정이 마무리된 것은 아니며 오히려 이제부터가 시작이다. 실제 환경에서 시스템이 얼마나 안정적으로 작동하는지 꼼꼼히 살펴보고 발견된 문제점들을 하나하나 해결해야 한다. 이 과정에서 놓치는 것 하나가 나중에 큰 문제로 이어질 수 있기에 체계적인 점검이 필수다.

가장 먼저 디스플레이 성능부터 확인한다. 아무리 좋은 제품이라도 설치 환경에 따라 실제 표현력은 천차만별이다. 다양한 조명 조건 아래에서 콘텐츠가 선명하게 보이는지 점검하고, 필요하다면 밝기와 대비를 미세 조정한다. 설치 각도나 주변 조명에 따라 반사가 심한 구간이 있다면 방지 필름을 덧대거나 조명 위치를 조정하는 등의 보완이 필요하다.

시스템 성능도 현장에서 재점검해야 한다. 사전 점검에서는 문제가 없었지만, 실제 환경에서는 전혀 다르게 작동할 수 있기 때문이다. 콘텐츠가 끊김이 없이 재생되는지, 스케줄대로 정확히 전환되는지, 네트워크 지연은 없는지 등을 꼼꼼히 살펴본다. 특히 여러 디스플레이를 연동하는 경우에는 싱크가 맞지 않아 어색해 보일 수 있으니 세심한 조정이 필요하다.

마지막으로 모니터링 시스템을 구축하는 것도 잊지 말아야 한다. 문제가 발생했을 때 신속하게 대응하려면 실시간으로 상태를 확인할 수 있어야 한다. 디스플레이 상태, 시스템 로그, 네트워크 상태 등을 한눈에 볼 수 있는 대시보드를 구성하고 만약 이상이 감지되면 즉시 알림이 가도록 설정해 둔다.

시스템 안정화는 완벽으로 가는 과정이다. 어떤 현장이든 처음부터 모든 것이 완벽할 수는 없다. 현장에서 발견되는 작은 문제들을 하나하나 해결하는 과정에서 어느새 안정적이고 신뢰할 수 있는 시스템이 완성되어 있을 것이다. 이것이 바로 진정한 디지털 사이니지 프로젝트의 완성이다.

시스템 테스트 체크리스트

1. 화면 품질 점검

☐ 밝기, 색온도, 해상도 균일성 보정
☐ LED/멀티비전 패널 간 화질 일관성 확인
☐ 과열 방지 및 수명 관리 시스템 점검
☐ 시야각과 가시성 최적화 상태 확인

2. 구조 안전성 검증
☐ 설치면 하중 지지력과 구조물 보강 상태
☐ 실외 환경 대비(강풍/진동/지진) 안전 설계
☐ 방수·방진 성능(IP 등급) 기준 충족 여부
☐ 구조물 고정 장치 및 보강재 설치 상태

3. 전기 및 네트워크 안정성
☐ 전원 용량 및 접지 상태 적정성
☐ UPS, 서지 보호기 등 보호 장치 동작
☐ 네트워크 보안(VPN/방화벽) 구성 상태
☐ 전력/통신 케이블 보호 설비 설치 여부

4. 설치 유형별 검증
☐ 설치면(벽/천장/바닥) 견고성 확인
☐ 사용자 동선과 접근성 최적화 상태
☐ 이동형 기기의 안전 잠금장치 점검
☐ 공간 활용도와 미관 고려 사항 반영

5. 통합 시스템 점검
☐ 전체 시스템 연동 테스트 수행

☐ 비상 전원 시스템 작동 상태
☐ 유지 보수 접근성 및 관리 동선 확보
☐ 시스템 작동 기록 및 문서화 체계

6. 기능 및 사용성 평가
☐ CMS(콘텐츠 관리 시스템) 전반 동작 확인
☐ 입력 장치 반응성 및 정확도 검증
☐ 실시간 데이터 연동 기능 테스트
☐ 사용자 인터페이스 편의성 평가

7. 성능 내구성 테스트
☐ 최대 부하 조건 안정성 검증
☐ 동시 작업 처리 능력 평가
☐ 장기 운영 신뢰성 테스트 수행
☐ 온도 변화에 따른 성능 변동 측정

8. 장애 대응 체계
☐ 주요 장애 상황 복구 절차 검증
☐ 자동/수동 복구 기능 테스트
☐ 핵심 부품 예비 자원 확보 상태
☐ 비상 연락망 및 대응 매뉴얼 구비

※ 이 체크리스트는 현장 상황과 시스템 구성에 따라 항목을 조정하여 활용할 수 있다.

4. 콘텐츠 제작 및 운영 매니지먼트

디지털 사이니지 콘텐츠는 체계적인 기획, 최적화된 제작, 효율적 운영의 조화로 완성된다. 설치 환경과 시청자 특성을 고려한 맞춤형 콘텐츠는 주목도와 참여율을 높여 투자 효과를 극대화한다.

◈ 시선을 사로잡는 콘텐츠 전략

스마트폰에 푹 빠진 현대인들의 시선을 사로잡기란 결코 쉽지 않다. 어떻게 하면 사용자가 스마트폰에서 눈을 떼고 거리의 수많은 디지털 사이니지 중에서도 우리 디지털 사이니지에 눈길이 머물게 할 수 있을까?

꼭 너무 화려하거나 번쩍일 필요는 없다. 누군가 다가오면 어둡던 화면을 서서히 밝히고 적당한 거리에서 은은한 음악을 들려준다면 자연스러운 시선 유도가 될 것이다. 인체 감지 센서와 지향성 스피커의 조합으로 만드는 이런 매력적인 경험은 지나가는 이들의 발걸음을 자연스레 멈추게 한다.

콘텐츠도 새로운 옷을 입어야 한다. 단순한 광고성 이미지로는 더 이상 주목받지 못하며 공세적이고 직접적인 광고는 거부감마저 일으킨다. 예술적 감성이 깃든 '광고 같지 않은' 미디어 아트, 정적인 이미지와 역동적인 모션 그래픽의 리듬감 있는 조화는 자연스럽게 사람들의 시선을 사로잡는다.

한 걸음 더 나아가 개인화된 경험을 선사하는 것도 좋은 방법이다. 비콘beacon 기술을 활용해 근처를 지나는 고객의 스마트폰에 특별 할인 정보 등의 맞춤형 메시지를 전하고, 시시각각 변하는 유동인구 패턴을 분석해 그에 맞는 콘텐츠를 내보내는 것이다.

이런 전략들을 실행할 때는 두 가지 요소를 반드시 고려해야 한다. 첫째, 사용자 프라이버시 보호다. 비콘이나 센서를 통한 데이터 수집은 최소화하고 그 활용 목적을 명확히 안내해야 한다. 둘째, 기술적 안정성 확보가 중요하다. 정기적인 시스템 점검과 신속한 오작동 대응 체계로 사용자의 신뢰를 구축해야 할 것이다.

성공적인 디지털 사이니지는 기술과 콘텐츠, 그리고 신뢰가 조화롭게 어우러질 때 완성된다. 이 세 가지 요소의 균형을 맞추는 것, 그것이 바로 시선을 사로잡는 기술의 핵심이다.

◈ 단순하고 명확한 콘텐츠의 힘

"덜 보여주고, 더 전달하라!" 이것이 바로 효과적인 콘텐츠 제작의 핵심이다. 넘쳐나는 정보의 홍수 속에서 메시지를 전달하는 일은 갈수록 어려워지고 있다. 현대인의 짧아진 주의 집중 시간을 고려하면, 메시지는 더욱 간결하고 강력해야 한다.

소매 매장의 디지털 사이니지를 떠올려 보자. 매출 증대가 목적이라면 날씨 정보나 뉴스 피드는 오히려 방해가 될 수 있다. 아무리 좋은 정보라도 핵심 메시지를 흐린다면 과감히 제거하는 것이 현명하다. 환승역의 안내 디스플레이도 마찬가지다. 열차 시간표, 노선도, 역 주변 지도를 한꺼번에 보여주면 오히려 혼란스럽다. 다음 열차 도착 시간과 플랫폼 번호만 크게 보여주는 것이 여행객들에게 더 도움이 된다.

좋은 콘텐츠를 만드는 비결은 의외로 단순하다. 우선 시각적 요소는 선명해야 하고 적절한 움직임이 있어야 한다. 텍스트는 3초 안에 읽을 수 있을 만큼 짧아야 한다. 화면의 40% 이상은 비워 메시지가 숨 쉴 공간을 만들어주고 색상은 브랜드 컬러에 강조 색 하나만 더하는 것이 좋다. 욕심을 내서 이것저것 넣다 보면 오히려 효과가 반감된다.

기술적인 면도 놓치지 말아야 한다. 디스플레이 크기에 맞춘 해상도 최적화는 기본이고 RGB 색상 체계를 지켜야 선명한 화면을 보장할 수 있다. 요즘은 다양한 비율의 화면이 있으니 반응형으로 제작하는 것도 필수다.

무엇보다 중요한 건 시청자의 경험이다. 얼마나 멀리서 보는지에 따라 글자 크기를 다르게 하고 사람들이 머무는 시간의 절반 정도면 콘텐츠 재생을 마치는 편이 좋다. 아무리 좋은 콘텐츠도 2주 정도 지나면 새것으로 교체해야 시선을 계속 붙잡아둘 수 있다.

결국 좋은 콘텐츠란 복잡한 것이 아니라 단순하고 명확한 것이다. 꼭 필요한 것만 남기고 과감히 덜어내는 용기, 그것이 바로 효과적인 콘텐츠의 시작이다.

◆ 새로움을 더하는 업데이트의 기술

디지털 사이니지의 가치는 변화하는 콘텐츠에 있다. 아무리 멋진 콘텐츠라도 계속 같은 것만 보여주는 사이니지는 금세 식상해져 주목받지 못한다. 업종과 공간의 특성을 살린 똑똑한 업데이트 전략이 필요한 이유다.

패밀리 레스토랑을 예로 들어보자. 아침 출근길엔 간단한 조식 프로모션으로, 점심시간엔 인기 메뉴 할인으로 선택을 유도한다. 저녁이 되면 아이들과 함께 오는 가족 손님을 위한 패밀리 세트로 화면을 바꾼다. 이처럼 레스토랑은 하루 단위로 시간대별 콘텐츠 업데이트가 필요하다. 반면 패션매장은 더 긴 주기의 업데이트가 효과적이다. 시즌별 신상품을 전면으로 내세운 콘텐츠를 기본으로 하고, 주말 한정 세일이나 명절 이벤트 등 특별 프로모션으로 보완하는 식이다.

공간에 따라서도 전략은 달라진다. 쇼핑몰에서는 하루에도 몇 번씩 콘텐츠를 바꿔가며 방문객의 시선을 사로잡아야 한다. 반면 기업 로비에선 좀 더 차분하게 접근한다. 주 2~3회 정도 새로운 기업 소식을 전하며 방문객과 직원들에게 신뢰감을 준다.

지하철역이나 버스터미널 같은 교통시설은 실시간 운행 정보를 정확하게 업데이트해야 한다. 중간중간 들어가는 광고도 승객들의 동선을 고려해 최적의 타이밍에 노출해야 한다. 학교나 학원 같은 교육 기관에서는 매일 한두 번씩 새로운 공지사항을 올리며 구성원들과 소통한다.

디지털 사이니지는 살아있는 미디어다. 시시각각 변하는 상황과 시청자의 니즈에 맞춰 끊임없이 새로운 모습을 보여줄 때, 비로소 그 진가를 발휘할 수 있다. 콘텐츠 업데이트는 단순한 관리가 아닌, 시청자와의 끊임없는 소통이자 새로운 가치를 더하는 과정이다.

❝❝ 콘텐츠 제작 및 업데이트 체크리스트 ❞❞

1. 사전 기획
- ☐ 설치 위치 및 주변 환경 조사
- ☐ 주 시청자층 분석 (연령, 성별, 체류시간)
- ☐ 시청 거리 및 주변 조도 확인
- ☐ 콘텐츠 노출 시간대 결정
- ☐ 핵심 타겟 및 메시지 정의
- ☐ 콘텐츠 갱신 주기 결정
- ☐ 시간대별 콘텐츠 편성 계획
- ☐ 인터랙티브 요소 필요성 검토

2. 콘텐츠 제작
- ☐ 화면 비율 최적화 (16:9, 9:16)
- ☐ 여백 40% 이상 확보

- [ ] 브랜드 컬러 + 강조 컬러 1개 적용
- [ ] 시청 거리별 글자 크기 최적화
- [ ] 3초 내 읽을 수 있는 텍스트 분량
- [ ] 해상도 체크 및 최적화
- [ ] 센서/인터랙티브 기능 점검
- [ ] 재생 시간 설정 (체류시간 1/2)
- [ ] 음향 시스템 최적화 (필요시)
- [ ] 파일 포맷 및 용량 최적화

3. 운영 관리
- [ ] 일일 동작 상태 확인
- [ ] 콘텐츠 현행화 (최소 2주 주기)
- [ ] 시간대별 차별화 콘텐츠 관리
- [ ] 효과 측정 및 피드백 수집
- [ ] 긴급상황용 대체 콘텐츠 준비
- [ ] 오류 발생 시 대응 체계 확인
- [ ] 콘텐츠 백업 관리
- [ ] 유지 보수 담당자 연락망 구축

※ 이 체크리스트는 설치 환경과 콘텐츠 목적에 따라 항목을 조정하여 활용할 수 있다.

5. 유지 보수 가이드라인

디지털 사이니지는 24시간 연중무휴 운영되는 특성상 사전 예방적 관리와 신속한 문제 해결을 위한 표준화된 유지 보수 체계가 필수적이다. 특히 공공장소나 상업시설에 설치된 디지털 사이니지의 경우, 시스템 장애나 콘텐츠 오류는 브랜드 이미지 훼손으로 직결될 수 있어 체계적인 모니터링과 즉각적인 대응 체계 구축이 중요하다.

◈ 하드웨어 관리 가이드

24시간 쉼 없이 작동하는 디지털 사이니지, 이 시스템의 생명력은 얼마나 세심하게 하드웨어를 관리하느냐에 달려 있다. 예방적 유지 보수와 정기 점검은 단순한 관리를 넘어 시스템의 수명과 성능을 결정하는 핵심 요소다.

▣ 하드웨어 점검 관리 체계 구축

일간	주간	월간	분기
• 화면 상태 확인 • 시스템 구동 체크 • 터치 반응성 테스트 • 콘텐츠 재생 상태 • 밝기와 색상 확인	• 디스플레이 청소 • 물리적 상태 점검 • 케이블 연결 상태 • 먼지와 이물질 제거 • 팬 작동음 확인	• H/W 정밀 점검 • 성능 테스트 • 로그 분석 및 백업 • 센서류 정상 작동 확인 • 전원부 안정성 점검	• 전체 시스템 점검 • 부품 교체 • 예방적 유지 보수 • 안전성 정밀 진단

▣ 환경별 관리

• 실내형

  – 온습도 관리: 디스플레이 장비는 온도 20~25℃, 습도 40~60% 유지
  – 정기 청소: 주 1회 전문 세정제로 디스플레이 클리닝
  – 환기 시스템 점검: 월 1회 필터 교체, 분기별 덕트 청소
  – 조명 조건: 주변 조도에 따른 밝기 자동 조절(100~500nit)

• 실외형

  – 방수·방진: IP65 등급 이상 유지, 월 1회 실링 상태 점검
  – 온도 관리: 히트싱크 상태 점검, 쿨링 시스템 정기 점검
  – 부식 방지: 분기별 코팅제 재처리, 케이스 부식 여부 점검
  – 케이블 보호: 자외선 차단 처리, 피복 상태 월별 점검

▣ 장비/부품 수명 관리

장비/부품	권장 수명	점검 주기	교체 기준
LCD 디스플레이	50,000시간	분기별	휘도 50% 이하
LED 디스플레이	100,000시간	분기별	휘도 70% 이하
전원 공급 장치	3년	월별	출력 전압 변동 5% 이상
냉각 팬	2년	월별	소음 발생, RPM 저하
컨트롤러	5년	분기별	처리 속도 저하
센서류	3년	월별	오작동 빈도 증가

케이블	3년	분기별	피복 손상, 신호 감쇄

※ 장비/부품의 권장 수명은 사용 환경(온도, 습도, 사용 빈도 등)에 따라 더 짧거나 길어질 수 있다.

▣ 긴급 상황 대응 프로세스

시스템 장애 발생 시 신속히 대응할 수 있도록 체계적인 프로토콜을 마련한다.

하드웨어 관리는 단순히 점검표를 확인하는 절차가 아니다. 시스템의 상태를 정확히 진단하고 환경 변화에 맞춰 적절한 조치를 취하며 잠재적 문제를 예측하고 예방하는 전문성이 필요하다. 체계적인 점검과 환경에 맞는 관리로 디지털 사이니지의 성능과 수명을 최적화할 수 있다.

◈ 소프트웨어 및 보안 관리 가이드

디지털 사이니지는 네트워크 기반으로 운영되는 시스템이다. 따라서 하드웨어만큼이나 중요한 것이 소프트웨어와 보안 관리다. 안정적인 소프트웨어 운영과 보안 위협 대응은 시스템 전체의 성능과 직결된다.

▣ 소프트웨어 점검 관리 체계 구축

일간	주간	월간	분기
• 시스템 리소스 모니터링 -CPU/메모리/디스크 상태	• 백업 상태 확인 -데이터 백업 완료 확인	• 성능 분석 -시스템 전반적 성능 확인	• 전체 시스템 업데이트 -OS 및 S/W 업데이트
• 로그 점검 -오류/경고 메시지 확인	• 보안 업데이트 -기본 보안 패치 적용	• 취약점 스캔 -기본 보안 점검	• 보안 감사 -전반적인 보안 상태 점검

▣ 네트워크 보안 관리

• 무단 접근
  - 대응 방안: 방화벽, 접근 제어, 다단계 인증
  - 실행 지침: IP 필터링, 사용자 인증, 접근 로그 모니터링

• 데이터 유출
  - 대응 방안: 암호화, 보안 프로토콜
  - 실행 지침: SSL/TLS 적용, 데이터 암호화, 데이터 접근 권한 최소화

• 악성코드
  - 대응 방안: 보안 솔루션 운영, 침입 탐지 시스템(IDS)

- 실행 지침: 실시간 감시, 정기 검사, 침입 탐지 시스템 운영

• 네트워크 장애
  - 대응 방안: 이중화 구성, 자동 장애 복구
  - 실행 지침: 백업 회선, 자동 복구, 실시간 장애 모니터링

※ 각 보안 위협에 대한 대응은 정기적인 보안 감사와 취약점 분석을 통해 지속적으로 개선해야 한다.

◼ 시스템 장애 대응 프로세스

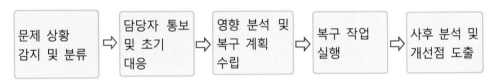

소프트웨어와 보안 관리는 단순한 기술적 과제가 아니다. 시스템의 안정성과 신뢰성을 결정하는 핵심 요소로서 체계적인 관리와 즉각적인 대응이 필수적이다.

> ❝
> ## 시스템 유지 보수 체크리스트
> ❞

1. 하드웨어 점검

• 디스플레이 상태

☐ 화면 품질(깜빡임/번인/밝기/색상)
☐ 외관 손상 여부
☐ 터치 반응성(해당 시)

- 시스템 장비

☐ 전원 및 케이블 연결 상태
☐ UPS 배터리 성능
☐ 미디어 플레이어 발열/팬 동작
☐ 저장 공간 여유도
☐ 네트워크 연결 안정성

2. 소프트웨어 관리

- 시스템 보안

☐ 운영체제 업데이트 상태
☐ 시스템 로그 분석
☐ 보안 설정 점검

- 사이니지 솔루션(CMS)

☐ 소프트웨어 버전 관리
☐ 에러 로그 검토
☐ 데이터 백업 상태
☐ 콘텐츠 재생 품질
☐ 스케줄링 정상 작동

3. 환경 관리

☐ 온습도 및 환기 상태
☐ 청결 상태 점검
☐ 물리적 보안 장치
☐ 접근 제어 시스템

4. 정기 유지 보수

• 청소 및 관리

☐ 디스플레이 표면 청소
☐ 환기구 및 필터 점검
☐ 케이블 정리 상태

• 시스템 최적화

☐ 저장 공간 정리
☐ 시스템 성능 최직화
☐ 콘텐츠 갱신 관리

5. 관리 이력 문서화

☐ 점검 일지 작성
☐ 부품 교체 기록
☐ 소프트웨어 업데이트 내역
☐ 장애 처리 이력

6. 비상 대응

☐ 백업 데이터 검증
☐ 복구 절차서 관리
☐ 비상 운영 매뉴얼 구비

※ 이 체크리스트는 현장 상황과 시스템 구성에 따라 항목을 조정하여 활용할 수 있다.

사례 연구 05

김병종 미술관
예술적 감각과 첨단 기술의 조화

- **프로젝트명:** 남원 시립 김병종 미술관 미디어 아트 공간 조성
- **고객사:** 남원시
- **기간:** 2023년 7월 20일 ~ 2023년 8월 16일
- **장소:** 김병종 미술관 외부 벽
- **규모:** P2.9 LED 디스플레이 (8m×1m)

1. 프로젝트 개요

　남원 시립 김병종 미술관은 외부 공간을 활용한 새로운 미디어 아트 공간 조성을 위해 옥외 LED 디스플레이 설치를 진행했다. 좁은 통로에 설치된 이 미디어월은 하나의 예술 작품처럼 연출되는 것을 목표로 했다. 이 디스플레이는 미술관의 외부와 내부를 잇는 시각적 매개체로 관람객들에게 새로운 예술적 경험을 제공하며 공간의 가치를 높였다.

2. 기술적 도전과 솔루션

■ 협소한 설치 환경과 건축적 연계

　설치 대상인 외부 통로는 공간이 협소하고 구조적 제약이 있었다. 이에 따라 설치 과정에서 여러 기술적 도전이 발생했다.

- 디스플레이 설치를 위해 건축 구조물과 조화를 이루는 설계 적용
- 맞춤형 브라켓과 고정 장치를 활용해 안정성과 미적 요소를 동시에 충족
- 제한된 공간에서 효율적인 작업 동선을 확보하기 위해 설치 장비와 작업 과정을 최적화

■ 외부 환경 대응 기술

디스플레이는 옥외에 설치되기 때문에 내구성과 방수 성능이 중요한 과제였다.
- 방수 · 방진 기능을 강화한 고사양 LED 디스플레이 도입
- 냉각 팬과 방열판을 결합한 열 관리 시스템 적용
- 강한 태양광에 노출되는 환경에서도 선명한 화질을 유지하도록 디스플레이 밝기를 조정

■ 콘텐츠 관리 및 표현의 예술적 조화

미술관의 예술적 정체성을 유지하면서 콘텐츠의 가독성과 매력을 극대화했다.
- 실시간 콘텐츠 제어가 가능하도록 맞춤형 CMS(콘텐츠 관리 시스템)를 구축
- 예술적 콘텐츠의 몰입도를 높이기 위해 디스플레이 색감과 밝기를 세밀히 조율

3. 주요 성과

■ 협소한 공간의 고해상도 디스플레이 구현

2.9㎜ 픽셀 피치의 LED 디스플레이를 통해 근거리 시청에도 최적의 시각적 경험을 제공했다. 광시야각 구현과 4,500nit 고휘도 성능으로 주간 시간대에도 선명한 화질을 유지하며 관람객들에게 몰입감 있는 미디어 아트 감상 환경을 조성했다.

■ 예술적 공간의 확장과 기술적 안정성 확보

미디어월은 단순 정보 전달을 넘어 하나의 예술 작품으로서 미술관의 정체성을 강화했다. IP65 등급의 방수 · 방진 처리와 첨단 열 관리 시스템 적용으로 옥외 환경에서도 365일 안정적인 운영이 가능해졌으며, 건축물과의 조화로운 설치로 공간 전체의 미적 가치를 높였다.

■ 효율적 운영 체계 구축

실시간 모니터링이 가능한 맞춤형 CMS를 도입하여 콘텐츠 관리와 시스템 운영의 효율성을 확보했다. 특히 원격 제어 기능과 즉각적인 장애 대응 체계를 구축하여 미술관 운영 인력의 관리 편의성을 크게 개선했다.

4. 시사점과 향후 과제

남원 시립 김병종 미술관의 LED 디스플레이 설치 프로젝트는 협소한 공간과 옥외 환경이라는 제약을 성공적으로 극복한 사례다.

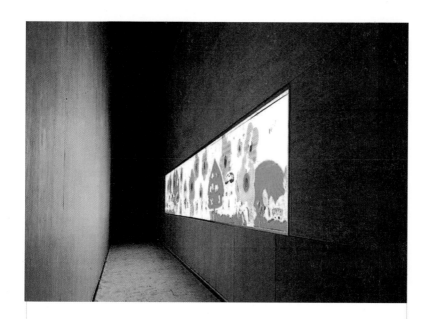

이는 디지털 기술과 예술적 감각의 융합 가능성을 보여주는 동시에 현대 미술관의 새로운 방향성을 제시했다.

본 프로젝트와 같은 문화예술적 공간의 옥외 디스플레이 설치 사례에서는 예술적 콘텐츠와 LED 디스플레이 간의 조화를 극대화하는 콘텐츠 제작 기술의 고도화가 필요하다. 또한 옥외 환경에서의 내구성과 안전성을 보장하기 위한 유지 보수 기술의 발전도 요구된다. 이와 함께 예술적 가치를 높이고 기술적 효율성을 극대화할 수 있는 고성능 디스플레이와 맞춤형 CMS의 지속적인 개발이 중요하다.

03부

디지털 사이니지의 현재와 미래

Chapter 06
디지털 사이니지
산업과 시장

눈길을 사로잡는 대형 디스플레이부터 양방향 키오스크까지, 우리 일상 곳곳에서 만나는 디지털 사이니지는 기술과 서비스의 혁신적 조화를 보여준다. 하드웨어, 소프트웨어, 콘텐츠, 네트워크 등 다양한 분야의 전문성이 어우러진 이 시장의 구조적 특성과 발전 방향을 살펴본다.

1. 디지털 사이니지 산업 생태계

광고주부터 최종 사용자까지, 수많은 참여자가 만들어내는 디지털 사이니지 산업은 마치 하나의 유기체처럼 움직인다. 해외에서는 전문화된 분업 구조가, 국내에서는 통합 서비스 모델이 각각의 경쟁력을 키워가는 가운데 콘텐츠 제작은 독자적인 영역으로 자리 잡았다. 여기에 정부의 전략적 지원이 더해져 산업 생태계가 더욱 역동적으로 진화하고 있다.

◆ 산업의 구성 요소

디지털 사이니지 산업은 하드웨어 제조, 소프트웨어 개발, 콘텐츠 제작, 시스템 통합이라는 네 가지 핵심 축으로 구성된다. 각 부문은 전문성을 바탕으로 상호 연계되어 통합적 가치를 창출한다.

▣ 하드웨어 제조 부문

디스플레이 패널, 미디어 플레이어, 마운트 등 물리적 장치를 설계하고 생산한다. LCD, LED, OLED 등 디스플레이 기술의 발전으로 시각적 품질이 향상되었으며, 실외용 제품은 고휘도와 내구성이 강화되고 있다. 터치스크린, 모션 센서, 카메라 등 인터랙티브 기술의 통합으로 맞춤형 서비스 제공이 가능해졌다.

▣ 소프트웨어 개발 부문

CMS(콘텐츠 관리 시스템)를 중심으로 콘텐츠 스케줄링, 원격 모니터링, 데이터 분석 기능을 제공한다. AI 기반 최적화와 클라우드 관리 기술이 더해지면서 시스템의 효율성과 안정성이 높아졌다. 최근에는 보안 강화와 API 통합이 주요 과제로 떠오르고 있다.

▣ 콘텐츠 제작 부문

디지털 사이니지 산업의 핵심 동력으로 부상하면서 높은 성장세를 보인다. 산업 전반에서 창의적 콘텐츠 수요가 증가하고 있으며 콘텐츠의 품질과 차별화가 경쟁력을 좌우한다. 실시간 데이터 연동, 인터랙티브 요소 활용, 맞춤형 제작은 이제 콘텐츠 제작의 기본 요소로 자리 잡았다.

▣ 시스템 통합 부문

디지털 사이니지의 구현과 운영을 총괄한다. 프로젝트 기획부터 설치, 유지 보수까지 포괄적 서비스를 제공하며 하드웨어 점검, 소프트웨어 관리, 네트워크 운영을 담당한다. 클라우드 기반 통합 관리와 원격 모니터링의 중요성이 커지면서 전문성이 더욱 요구되고 있다.

◈ 산업 발전 모델: 전문화와 통합 서비스

글로벌 디지털 사이니지 산업이 성숙기에 접어들면서 해외와 국내 시장은 뚜렷한 차별점을 보이고 있다. 기술 기반의 전문화 전략을 추구하는 해외 기업들과 통합 서비스로 승부수를 던진 국내 기업들은 각자의 방식으로 경쟁력을 강화하고 있다.

▣ 해외: 전문화 구조

해외 시장은 전문화된 분업 구조가 특징이다. 하드웨어 제조, 소프트웨어 개발, 콘텐츠 제작, 시스템 통합 부문이 독립적으로 발전하며 협력한다. 일본의 NEC는 비디오월과 대형 디스플레이에, 소니는 4K, 8K 고해상도 디스플레이에 주력한다. 중국 LEYARD는 LED 기술을, 대만 AUO는 LCD 패널 대량 생산 기술을 특화했다. BrightSign, Barco 등 북미와 유럽 기업들은 소프트웨어와 특화 솔루션 개발에 주력한다.

▣ 국내: 통합 서비스 모델

해외와 달리 국내는 통합 서비스 모델을 구축했다. 삼성전자와 LG전자는 엔드투엔드end-to-end 방식으로 하드웨어 설치부터 소프트웨어 개발, 시스템 통합, 유지 보수까지 전 과정을 아우른다. 삼성전자는 SoC 기술 기반의 통합 디스플레이 시스템과 매직인포 소프트웨어로 차별화를 꾀했고, LG전자는 OLED 기술과 클라우드 기반 관리 시스템을 결합해 프리미엄 시장을 공략한다.

이러한 통합 서비스 모델은 다음과 같은 장점이 있다.

- 하드웨어-소프트웨어 간 최적화 실현
- AI, IoT 등 신기술의 효율적 접목
- 신속한 시스템 개선과 업데이트
- 일원화된 고객 서비스 제공

이처럼 전문화 구조와 통합 서비스 모델은 각자의 강점을 바탕으로 글로벌 시장에서 치열하게 경쟁하며 산업의 다양성을 높이고 있다.

◆ 국내 산업의 균형과 협력 생태계

국내 디지털 사이니지 산업에서 각 기업은 고유한 전문성으로 독자적 영역을 확보하는 동시에, 상호 보완적 관계를 구축하며 발전해 왔다. 특히 전략적 협력을 통해 산업 전체의 경쟁력을 높이는 데 주력하고 있다.

▣ 독립적 균형 모델

국내 디지털 사이니지 산업은 대기업과 중소 업체가 각자의 강점을 살려 균형적인 성장을 이루고 있다.

삼성전자, LG전자 등 대기업은 인천국제공항 미디어월과 COEX 외벽 디스플레이와 같은 대형 프로젝트를 수행하며 기술력을 입증하고 글로벌 시장에서 신뢰를 구축한다. 반면 중소 업체들은 프랜차이즈 매장의 실시간 메뉴 관리 시스템, 중소형 쇼핑몰의 광고 솔루션, 교육기관과 병원을 위한 특화 서비스 등 틈새시장에서 전문성을 발휘한다.

이러한 구조는 국내 디지털 사이니지 산업의 독립적 균형 모델을 형성하고 있다. 대기업이 대형 프로젝트로 시장의 성장을 견인하고, 중소 업체가 맞춤형 서비스로 산업의 다양성을 확보하는 것이다. 대기업과 중소 업체가 서로 다른 시장을 지향하며 성장하는 이 독립적 균형 모델은 산업의 안정성과 글로벌 경쟁력 강화에 기여한다.

▶ 국내 디지털 사이니지 산업 구조 ◀

독립적 균형 모델		전략적 제휴 모델	
대기업	중소 업체	대리점 시스템	협업 프로젝트
• 대형 프로젝트 -광고 미디어월 -대형 디스플레이	• 틈새시장 -프랜차이즈 솔루션 -소규모 광고 시스템	• 원스톱 서비스 -영업/설치/유지 보수 - 소프트웨어 통합	• 융합 솔루션 -AI 광고 -IoT 리테일

▣ 전략적 제휴 모델

국내 디지털 사이니지 산업은 독립적 균형 모델과 함께 전략적 제휴라는 또 다른 협력 구조를 발전시켜 왔다. 특히 중소 업체들은 대기업의 공식 대리점으로서 디스플레이 패널을 공급받아 자체 솔루션과 결합하여 고객에게 제공하고 있다. 이들은 오픈 셀 패널_{open cell panel} 가공부터 케이스 제작, 각종 센서 통합까지 하드웨어 커스터마이징은 물론, 소프트웨어 개발, 설치, 유지 보수까지 아우르는 원스톱 서비스로 부가가치를 창출하고 있다. 또한 시장 상황에 따라 유연하게 다양한 제조사의 디스플레이 제품을 활용하여 고객 맞춤형 솔루션을 제공하고 있다.

대형 종합병원의 디지털 사이니지 시스템은 이러한 협력의 대표적 성공 사례다. 중소 업체들은 대기업의 고성능 디스플레이에 자체 개발한 맞춤형 환자 관리 소프트웨어를 접목하고 병원 환경에 최적화된 설치 서비스를 제공하여 차별화된 솔루션을 구현하고 있다.

제휴의 범위는 AI 기반 맞춤형 광고와 IoT 연동 스마트 리테일 분야로 확대되고 있다. 대기업이 기술과 플랫폼을 제공하면 중소 업체 대리점들은 현장 경험을 바탕으로 특화된 응용 서비스를 개발하는 방식이다. 이러한 전략적 제휴는 산업 전체의 경쟁력을 높이고 있다. 시장 확대와 기술 고도화에 따라 협력 생태계는 지속 가능한 성장의 중요한 동력이 되고 있다.

◆ 콘텐츠 제작: 산업 생태계의 창의적 허브

국내 디지털 사이니지 산업에서 콘텐츠 제작은 독창적인 영역으로 발전하고 있다. 브랜드 가치 전달과 소비자 경험을 중시하는 현대 마케팅 속에서 전문화된 콘텐츠는 산업 생태계의 중심에서 그 가치를 발휘하고 있다.

▣ 콘텐츠 제작사의 전문화 전략

일반적인 디지털 사이니지 업체들이 하드웨어 설치부터 운영까지 통합 서비스를 제공하는 것과 달리, 콘텐츠 제작 전문사들은 독자적인 영역을 개척하고 있다. 이들은 주로 대형 프로젝트를 의뢰받아 브랜드 이미지 강화나 도시 경관 개선을 목적으로 '광고 같지 않은 광고'를 미디어아트 형식으로 구현한다. 대형 LED 디스플레이의 3D 착시 영상이나 건물 외벽을 활용한 미디어 파사드 등 하드웨어의 특성을 극대화한 콘텐츠로 시장에서 차별화된 가치를 만들어내고 있다.

▣ 콘텐츠와 기술의 시너지

콘텐츠 제작사의 전문화는 디스플레이 제조사와의 긴밀한 협력을 전제로 한다. 섬세한 색감 표현이나 초고해상도 구현이 하드웨어의 기술적 한계나 비용과 직결되기 때문이다. 특히 인터랙티브 콘텐츠나 AR, VR 구현에는 하드웨어 성능과 호환성이 핵심 요소이며 실시간 인터랙션은 네트워크 안정성과 반응 속도가 중요한 과제다.

이에 콘텐츠 제작사들은 프로젝트 기획 단계에서 최적의 하드웨어 요구사항을 제시한다. 대형 LED 디스플레이나 미디어 파사드와 같은 맞춤형 프로젝트에서는 콘텐츠 특성에 맞는 디스플레이 성능과 기술적 요건을 세밀하게 검토해 제안한다. 이를 통해 콘텐츠 기획력과 기술적 이해를 바탕으로 한 차별화된 서비스를 선보이고 있다.

◆ 정부 정책이 이끄는 산업 발전

디지털 사이니지 산업 생태계 안에서 활약하는 플레이어는 비단 기업들뿐만이 아니다. 정부 역시 규제와 지원을 통해 산업의 방향성을 제시하며 생태계에 영향을 미치고 있다.

▣ 산업 성장을 견인하는 규제의 힘

정부 규제는 디지털 사이니지 산업의 성장과 혁신을 촉진하는 동력이다. 환경 규제부터 설치 기준 정비까지, 다양한 규제가 기업들의 기술 혁신을 이끌며 산업 경쟁력을 높이고 있다.

- 환경 규제를 통한 기술 혁신
  - 에너지 효율 등급 인증: LED, OLED 기술 개발 가속화
  - 재활용 소재 사용 기준: 자원 순환형 제품 설계 유도
  - 전력 소비량 상한: 에너지 절감 기술 도입 촉진
  - 수명 주기 관리 지침: 글로벌 시장 경쟁력 확보

- 설치 기준 정비
  - 도시 미관을 고려한 설치 기준 마련
  - 구조물 안전성 강화로 신뢰도 제고

▣ 정책 지원으로 조성되는 성장 친화적 환경

정부의 다양한 정책 지원은 디지털 사이니지 산업의 지속 가능한 성장을 촉진하는 중요한 기반이다. 스마트도시 사업과 옥외광고 규제 완화는 새로운 기술 개발과 시장 확대의 발판이 되고 있다. 특히 옥외광고물 자유표시구역 지정은 디지털 사이니지가 공공 서비스, 광고, 교통 등 여러 분야에 폭넓게 활용될 수 있는 환경을 조성했다.

- 주요 정부 지원 프로그램과 효과
  - 스마트 시티 챌린지: 디지털 사이니지 기술력 강화

- 스마트 시티 혁신성장동력 프로젝트: 중소 업체의 기술 역량 증대
- K-시티 네트워크 프로그램: 글로벌 시장 진출 촉진
- 옥외광고물 자유표시구역 지정: 적용 분야 다변화
- 공공 프로젝트 지원: 공공 인프라 구축 확대, 중소 업체의 시장 진입 기회 제공

2. 디지털 사이니지 시장 현황과 전망

전 세계 디지털 사이니지 시장이 전례 없는 성장 곡선을 그리며 디지털 전환의 상징적인 분야로 자리 잡았다. 코로나19 팬데믹 이후 비대면 서비스에 대한 수요가 급증한 가운데, 소매업, 의료, 교통 등 다양한 산업이 앞다퉈 이 기술을 도입하며 새로운 기회를 창출하고 있다. 삼성전자와 LG전자 같은 한국 기업들은 기술과 전략으로 글로벌 시장을 선도하며 글로벌 디지털 사이니지 시장의 미래를 밝히고 있다.

◈ 글로벌 시장의 성장과 한국 기업의 도약

전 세계 디지털 사이니지 시장은 기술 혁신과 수요 증가를 기반으로 빠르게 성장 중이다. 시장조사 결과에 따르면 2023년 약 250억 달러였던 시장 가치는 2028년에 400억 달러 규모를 넘어설 것으로 전망된다.[13]

---

13) 시장조사기관 마켓리서치Market Research와 글로벌 데이터Global Data의 보고서(한경일보 인용)

▣ 글로벌 시장 동향

• 지역별 특징

지역별로 디지털 사이니지의 활용도와 성장 패턴이 다양하게 나타나고 있다. 각 지역의 산업 구조와 정책적 특성이 시장 성장의 방향을 결정하는 주요 요인으로 작용하고 있다.

- 북미: 소매, 의료, 교통 분야 중심 최대 시장
- 아시아 태평양: 중국과 인도의 도시화, 일본의 첨단 기술로 최고 성장률
- 유럽: EU 탄소 중립 정책으로 고효율 디스플레이 수요 증가
- 중동 및 아프리카: 스마트 시티, 관광 산업 중심 성장

• 산업별 현황

디지털 전환이 가속화되며 다양한 분야에서 수요가 증가하고 있다. 특히 고객 경험 향상과 운영 효율화를 위한 도입이 활발하다.

[시장 점유율 현황]
- 소매: 최대 시장 규모, 디지털 진열대, 스마트미러 급증
- 운송: 대규모 시장으로 성장, 공항 및 지하철 실시간 정보 시스템 확대
- 의료: 주요 시장으로 부상, 환자 안내와 디지털 길 찾기 솔루션 도입

[주목할 만한 성장 분야]

- QSR[14]: 디지털 메뉴와 키오스크 도입 급증
- 교육: 스마트 캠퍼스 구축 확대
- 제조: 스마트 팩토리 도입 가속화
- 공공: 스마트 시티 프로젝트 확대
- 호텔/리조트: 고객 경험 혁신 중심 도입 증가

▣ 국내 시장과 글로벌 경쟁력

국내 디지털 사이니지 시장 역시 세계적 수준의 기술력과 역동적인 시장 환경을 바탕으로 급속한 성장을 이어가고 있다. 기업과 공공기관의 적극적 도입, 정부의 디지털 뉴딜 정책 등 정책적 지원에 더해, 빠른 기술 수용성과 효율성을 중시하는 국내 시장의 특성이 혁신을 가속하는 원동력이 되고 있다.

- 코로나19 팬데믹 이후 비대면 수요와 정부 디지털 뉴딜 정책으로 급성장
- 기술 수용도 높고 효율성 중시하는 시장 특성이 성장 촉진
- 삼성전자(31.1%)와 LG전자(11.9%) 글로벌 시장 선도
- 하드웨어 외 AI 광고, 클라우드 관리, 3D 콘텐츠 등 소프트웨어 경쟁력 확보

이러한 기술력과 시장 선도를 바탕으로 국내 기업들은 하드웨어부터 소프트웨어까지 디지털 사이니지 산업 전반에서 혁신을 주도하며 글로

---

14) Quick Service Restaurant, 속도와 효율성에 중점을 둔 식당 형태

벌 시장의 새로운 표준을 제시할 것으로 전망된다.

◈ 시장 성장을 이끄는 네 가지 동력

디지털 사이니지 시장은 첨단 기술의 발전, 산업별 수요 증가, 도시 인프라의 변화, 그리고 비대면 서비스 확산이라는 주요 요인들이 맞물리며 빠르게 성장하고 있다. 여기에 코로나19 팬데믹 이후 비대면 솔루션 수요가 늘어나며 성장에 더욱 탄력이 붙었다. 이러한 흐름은 디지털 사이니지 시장의 미래 방향성을 제시하며 새로운 가능성을 열었다.

▣ 기술 혁신과 비용 효율화

4K, 8K 초고해상도 디스플레이 상용화는 시각적 몰입감을 한층 끌어올렸으며 SoC 기술과 클라우드 솔루션, 5G 네트워크 도입으로 설치와 유지 비용이 크게 낮아졌다. 이는 중소기업과 소상공인의 디지털 사이니지 도입을 훨씬 수월하게 만들어 전반적인 시장 저변을 넓히는 계기가 되었다.

▣ 산업별 활용도 확대

산업계 전반에서도 디지털 사이니지의 활용이 두드러진다. 소매업계는 실시간 재고 정보와 쇼핑 가이드를, 의료 분야는 환자 안내와 정보 공유 플랫폼을 선보였다. 교통과 관광 분야에서도 실시간 정보와 다국어 서비스를 구현했으며 기업들은 사무실 협업 도구부터 생산 현장 모니터링까지 그 쓰임새를 확장하고 있다.

▣ 도시 인프라의 디지털화

도시 인프라의 현대화 움직임도 시장 성장을 견인한다. 중국의 신형 도시화 정책, 일본의 Society 5.0, 인도의 스마트 시티 미션 등, 아시아 태평양 지역의 정부 주도 프로젝트가 대표적이다. IoT와 AI 기술을 결합한 디지털 사이니지는 도시 정보 전달 체계를 개선하며 스마트 시티의 기반을 다지고 있다.

▣ 비대면 솔루션 수요 증가

코로나19 팬데믹 이후, 무인 키오스크와 디지털 안내 시스템이 보편화 되면서 디지털 사이니지의 수요가 크게 증가했다. 특히 유통, 의료, 공공 분야는 비대면 솔루션을 적극 도입해 운영 효율성을 높이고 새로운 비즈니스 기회를 발굴하고자 한다.

이러한 성장 동력들은 서로 긴밀하게 연결되어 시너지를 만들어내고 있다. 기술 혁신으로 인한 비용 절감은 산업계 전반의 도입을 촉진했고 도시 인프라의 디지털화와 비대면 서비스 확산은 이를 더욱 가속했다. 디지털 사이니지 시장의 성장은 단순한 기술 발전을 넘어 사회 전반의 디지털 전환을 보여주는 중요한 지표라고 할 수 있다.

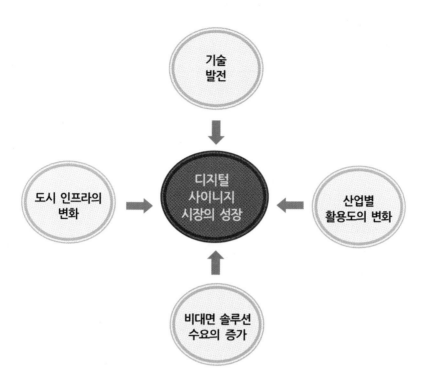

COEX B홀
다중이용시설에 최적화된 대형 LED 디스플레이 설치

- 프로젝트명: COEX B홀 신규 LED 설치
- 고객사: COEX
- 기간: 2024년 4월 1일 ~ 2024년 5월 30일
- 장소: 서울 COEX B홀 2층 난간
- 규모: P4 LED 디스플레이(12.8m×3.52m)

1. 프로젝트 개요

COEX B홀은 다양한 전시회와 행사가 열리는 공간으로, 방문객을 위한 정보 전달력 강화를 위해 기존 노후 디스플레이를 철거하고 고성능 LED 디스플레이를 새롭게 도입했다. 2층 난간이라는 특수한 설치 환경에서 작업자의 안전과 방문객의 편의를 모두 고려한 시공이 요구되었으며, 기존 CMS(콘텐츠 관리 시스템)와의 완벽한 호환성 확보가 핵심 과제였다.

2. 기술적 도전과 솔루션

■ 작업 환경의 안전성 확보

COEX B홀의 설치 위치는 2층 난간으로 방문객 이동 동선 상부에 위치한 만큼 작업 환경에서 안전 조치가 필수적이었다.

- 작업자와 방문객의 안전을 동시에 확보하고자 안전 장비와 작업 플랫폼을 활용
- 공정마다 철저한 현장 점검을 통해 작업 중 사고를 예방

■ 기존 CMS와의 호환성 확보

신규 LED 디스플레이가 기존 CMS와 통합되어야 했으며 이는 디지털 콘텐츠의 안정적인 송출과 시스템 관리 효율성을 위한 중요한 과제였다.

- 디스플레이와 CMS 간 데이터 전송 체계를 최적화해 콘텐츠 송출의 안정성 확보
- 특정 시간대별 콘텐츠 송출 및 실시간 제어가 가능하도록 CMS 설정을 조정

■ 고화질 디스플레이와 공간 조화

LED 디스플레이는 COEX B홀의 실내 환경과 조화를 이루면서 방문객들에게 시각적으로 매력적인 경험을 제공해야 했다.

- 4㎜ 픽셀 피치와 800nit 이상 밝기의 LED 디스플레이를 적용해 실내에서도 선명한 화질 구현
- 실내 환경과의 조화로운 통합을 통해 콘텐츠 집중도를 높임

3. 주요 성과

■ 최신 LED 디스플레이의 성공적 구축

12.8m×3.52m 규모의 대형 LED 디스플레이를 성공적으로 설치했다. 4㎜ 픽셀 피치와 800nit 이상 밝기의 고성능 디스플레이는 실내 환경에 최적화된 선명한 화질을 제공하며 전시장 어느 위치에서나 완벽한 시인성을 보장한다. 특히 기존 설비 철거부터 신규 설치까지 무사고로 완료하여 프로젝트의 안전성을 입증했다.

■ 시스템 통합 및 운영 효율화

기존 CMS와의 완벽한 통합으로 운영의 연속성을 확보했다. 실시간 4K 콘텐츠 송출이 가능한 데이터 처리 시스템을 구축했으며 시간대별 자동 콘텐츠 전환 기능으로 운영 효율성을 높였다. 또한 실시간 상태 모니터링과 원격 제어 기능으로 신속한 유지 보수가 가능해졌다.

■ 전시 공간의 가치 향상

선명한 화질과 안정적인 운영으로 전시 정보 전달력이 크게 향상되었으며 전시장의 시각적 매력도를 한층 높였다. 특히 자동 밝기 조절 기능으로 주변 조도에 따른 최적의 시청 환경을 제공하여 방문객들의 만족도가 크게 개선되었다.

4. 시사점과 향후 과제

본 프로젝트는 다중 이용 시설에서의 대형 LED 디스플레이 설치가 가져올 기술적 가능성과 운영 효율성을 보여준 사례다. COEX와 같은 전시 공간에서는 디스플레이의 선명도와 안정성이 방문객 경험의 질을 좌우하는 중요한 요소가 된다.

앞으로 더욱 개선할 부분은 CMS의 자동화와 지능화를 통해 운영 효율성을 더욱 강화하는 것이다. 예컨대 실시간 데이터 분석과 연동하여 전시회 일정에 맞는 콘텐츠를 자동으로 편성하거나 고장 예측 및 경고 시스템을 통해 사전에 유지 보수를 수행할 수 있는 체계를 마련하는 것이 중요하다. 이러한 기술적 개선은 디스플레이의 안정적인 운영과 관리 비용 절감에 기여할 것이다.

신세계백화점 센텀시티점 미디어월과 미디어폴로 완성된 시각적 몰입 공간

- 프로젝트명: 신세계백화점 센텀시티점 LED 디스플레이 설치 공사
- 고객사: 신세계백화점
- 기간: 2022년 12월 1일 ~ 2023년 1월 3일
- 장소: 부산 해운대구 센텀시티점 로비 및 B2F
- 규모: P2.5 LED 미디어월 (12.48m×5.280m)

1. 프로젝트 개요

신세계백화점 센텀시티점은 LED 디스플레이를 통한 시각적 경험 강화를 목표로 대규모 미디어월과 미디어폴을 설치했다. 백화점 홍보 및 다양한 미디어 콘텐츠를 송출하는 LED 디스플레이를 로비와 주요 동선을 따라 배치하여 백화점의 브랜드 이미지를 강화하는 데 초점을 맞췄다.

야간작업과 같은 특수 환경 속에서도 백화점 내부 시설물과 고객 동선에 영향을 주지 않도록 계획된 점이 돋보이는 사례다. 또한 LED 디스플레이와 고객 맞춤형 CMS(콘텐츠 관리 시스템)를 결합하여 실시간 콘텐츠 제어가 가능한 시스템을 구축했다.

2. 기술적 도전과 솔루션

■ 야간 작업 및 보안 규정 준수

백화점의 운영 특성상 작업은 영업 이외 시간에 진행되어야 했으며 이 과정에서 보안 규정 준수가 필수였다.

• 매 작업 시작 전 철저한 보안 승인 절차를 거치고, 작업 이후 백화점 내부 원상 복구를 위해 시설물 상태를 정밀 점검
• 작업 중 발생 가능한 위험 요소를 사전에 파악해 안전 조치를 강화

■ 고해상도 디스플레이 구현

고객의 시선을 끌고 몰입감을 제공하기 위해 고화질 디스플레이 기술이 적용되었다.

• 2.5㎜ 픽셀 피치와 1,000nit 이상 밝기를 적용해 눈부심 없는 선명한 화질을 구현
• 콘텐츠를 4K UHD 해상도로 송출하여 영상의 디테일과 몰입도 향상

■ 맞춤형 CMS 구축

디스플레이가 실시간으로 콘텐츠를 송출할 수 있도록 맞춤형 CMS를 적용했다.

· 각종 프로모션, 이벤트, 세일 정보를 손쉽게 업데이트할 수 있는 사용자 친화적 CMS 제공

· 고객 동선에 맞춰 시간대별로 다른 콘텐츠를 자동 송출할 수 있도록 설정

3. 주요 성과

■ 대규모 LED 디스플레이 설치 완료

12.48m×5.28m 규모의 대형 미디어월과 6개의 미디어폴 (9.6m×8.16m)을 완벽하게 구현했다. 2.5㎜ 픽셀 피치와 1,000nit 이상 밝기의 고사양 디스플레이는 백화점 내부 환경에 최적화된 시각적 경험을 제공하며 광시야각으로 모든 각도에서 선명한 화질을 구현한다. 특히 야간 설치 작업에도 불구하고 무결점 시공으로 백화점의 프리미엄 이미지를 한층 강화했다.

■ 스마트 운영 환경 구축

맞춤형 CMS를 통해 미디어월과 미디어폴을 통합 관리하는 스마트 운영 체계를 확립했다. 4K UHD 해상도의 콘텐츠를 실시간으로 제어할 수 있으며 시간대별 자동 콘텐츠 전환과 긴급 공지 기능으로 운영 효율성을 극내화했다. 특히 직관적인 UI/UX 설계로 백화점 직원들의 시스템 적응도가 높았다.

■ 고객 경험 혁신과 에너지 효율성 달성

방문객들에게 시각적 즐거움을 선사하는 동시에 스마트 절전 기능 적용으로 에너지 효율성도 확보했다. 센서를 통한 자동 밝기 조절로 전력 소비를 최적화했으며 24시간 모니터링 시스템으로 안정적인 운영이 가능해졌다.

4. 시사점과 향후 과제

이 프로젝트는 백화점과 같은 복합 문화 공간에서 LED 디스플레이가 고객 경험에 미치는 영향을 잘 보여주는 사례다. 고해상도와 안정성을 갖춘 디스플레이 기술은 단순한 정보 전달을 넘어 브랜드 이미지를 강화하고 고객의 만족도를 높이는 데 중요한 역할을 한다.

향후 유사 프로젝트에서는 더 스마트한 CMS 구축과 콘텐츠 맞춤화가 주요 과제가 될 것이다. 특히 고객 행동 데이터를 활용하여 개인화된 콘텐츠를 제공하는 방향으로 발전 가능성이 크다. 또한 백화점의 운영 효율성을 더욱 높이기 위해 에너지 절약 기술과 유지 보수 체계를 강화할 필요가 있다.

Chapter 07
미래의
디지털 사이니지

이제 디지털 사이니지는 새로운 미래를 향해 나아가고 있다.

디스플레이 기술의 발전과 AI의 결합으로 더욱 진화할 디지털 사이니지는 일상 속 더 가까운 곳에서 만나게 되며 스마트 기기들과의 연결을 통해 상상 속에서만 존재하던 미래의 모습을 현실로 만들어갈 것이다.

1. 진화하는 디스플레이, 확장되는 가능성

지난 수십 년간 디스플레이 기술은 눈부신 성장을 이루어왔다. 새로운 기술이 등장하면서 화질, 에너지 효율, 사용성이 크게 개선되었고 더 몰입감 있는 시각 경험을 제공하게 되었다. 여기에 AI 기술과의 결합으로 콘텐츠 제작부터 운영 관리까지, 디스플레이의 활용 가능성이 무한히 확장되고 있다.

◈ 디스플레이 기술의 진화

하드웨어의 혁신이 디지털 사이니지의 새로운 지평을 열고 있다. 투명 디스플레이부터 마이크로 LED까지, 한계를 뛰어넘는 새로운 기술들의 등장으로 시각적 경험의 차원이 한층 더 넓어질 전망이다. 더욱 선명해진 화질과 자유로운 형태 변형, 에너지 효율성의 극대화를 통해 디지털 사이니지는 새로운 가치를 창출해 낼 것이다.

▣ LED에서 투명 디스플레이로의 확장

오늘날 사이니지 시장의 주력 디스플레이인 LED는 뛰어난 시인성과 고해상도로 다양한 공간에서 활용된다. 최근에는 투명 디스플레이가 주목받는데 백화점과 전시관 등 프리미엄 공간에서 수요가 증가하고 있다. 투명 디스플레이는 고급스러운 이미지와 함께 공간의 개방감을 유지해 관람객의 몰입도를 높인다. 삼성전자와 LG전자는 CES 2024와

IFA 2024에서 각각 211인치 투명 마이크로 LED와 투명 OLED 사이니지를 선보이며 시장 선점에 나섰다.

▣ 마이크로 LED의 혁신

마이크로 LED는 초소형 LED 소자로 뛰어난 화질과 넓은 시야각을 구현한다. 현재 1.2㎜에서 0.9㎜, 나아가 0.5㎜ 수준까지 LED 크기가 미세화되면서 LCD와 구분이 어려울 정도의 고화질 표현이 가능해졌다. 이 기술의 핵심은 초소형 LED 소자의 집약도에 있다. 1㎜ 이하로 줄어든 소자 크기와 촘촘해진 LED 간격은 138인치 UHD 화면까지 구현할 수 있게 했다. 특히 비디오월 구성 시 기존 LCD의 베젤 문제를 해결해 매끄러운 대형 화면 연출이 가능하다.

▣ OLED의 진화

OLED는 자발광 특성으로 선명하고 균일한 화질을 만들어낸다. 백라이트가 불필요해 얇고 가벼운 디스플레이 제작이 가능하다. 이처럼 심미성과 설치 용이성을 겸비한 OLED는 공간 디자인과 조화를 이루며 다양한 인테리어 환경에 적용할 수 있다. 특히 LG전자가 선보인 투명 OLED는 투명성과 고해상도를 결합해 새로운 가능성을 제시했다. OLED는 심미성과 설치 용이성을 바탕으로 다양한 인테리어 환경에 적용될 전망이다.

▣ 미래를 향한 발전

디스플레이 기술은 경량화, 심미성, 저전력 소비를 축으로 발전하고 있다. 기업들은 더욱 가볍고 얇은 디스플레이를 개발해 이를 공간 디자인의 필수 요소로 만들어가고 있다. 특히 블록처럼 조립할 수 있는 LED 디스플레이의 등장은 설치의 유연성을 한층 높였다. 휘어짐, 접힘, 늘어남 등 형태적 제약을 극복하는 기술과 에너지 효율이 높은 저전력 디스플레이의 개발로, 디지털 사이니지는 더욱 다양한 영역으로 확장될 것으로 기대된다.

◈ AI 기반 지능형 솔루션

디지털 사이니지는 AI 기술의 접목으로 혁신적 변화를 맞이하고 있다. 단순한 정보 전달 도구에서 벗어나 실시간으로 상황을 인지하고 반응하는 지능형 솔루션으로 진화하고 있으며 이러한 변화는 더욱 가속화될 전망이다.

▣ 데이터 기반의 지능형 서비스

AI와 머신러닝machine learning은 디지털 사이니지의 활용 범위를 더욱 넓힌다. 고객의 행동 패턴, 시간대, 주변 환경 데이터를 분석해 최적의 콘텐츠를 제공한다. 매장에서는 고객의 쇼핑 패턴과 구매 이력을 분석해 실시간으로 맞춤형 프로모션을 제안하며 교통량에 따른 시간대별 프로모션 조정이나 날씨에 맞춘 상품 추천이 가능하다. 앞으로는 고객의 취향과 니즈를 예측하는 수준으로까지 발전할 것으로 보인다.

▣ 감성 인식 기술의 도입

차세대 디지털 사이니지는 시청자의 감정과 반응에 실시간으로 응답

한다. AI 기술로 표정과 제스처를 정확하게 인식해 이를 바탕으로 광고 콘텐츠는 시청자의 관심도와 감정 상태에 맞춰 자연스럽게 변화한다. 군중의 움직임과 분위기 파악이 가능해져 긴급 상황에서는 안내 메시지로, 축제 분위기에서는 참여형 콘텐츠로 자동 전환되는 상황 맞춤형 서비스를 제공한다.

▣ AI 콘텐츠 제작

AI는 디지털 사이니지의 콘텐츠 제작 방식을 근본적으로 바꾸고 있다. 시간, 장소, 상황에 따라 즉각적으로 변화하는 동적 콘텐츠가 실시간 맞춤형 광고의 새로운 기준이 된다. AI 이미지 생성 기술로 브랜드 정체성을 유지하면서도 차별화된 비주얼이 제공되고, 자연어 처리 기술을 통해 타겟층의 선호도에 맞춘 광고 문구가 실시간으로 생성된다. 나아가 AR과의 결합으로 시청자의 위치에 반응하는 실감형 광고 경험을 선보인다.

▣ 초연결 스마트 시티와의 결합

미래 도시에서 디지털 사이니지는 IoT 센서들과 긴밀히 연결되어 도시의 지능형 인프라 역할을 수행한다. 교통량, 대기질 등 각종 도시 데이터는 시민 맞춤형 정보로 제공되며 자율주행차나 웨어러블 기기와도 실시간 소통이 가능하다. 첨단 저전력 기술 도입으로 에너지 효율성도 크게 향상된다.

이러한 기술 융합으로 디지털 사이니지는 단순 정보 전달을 넘어 도시의 스마트 소통 플랫폼으로 진화하고 있다. 앞으로는 더욱 개인화된 서비스와 실시간 상호 작용을 통해 시민들에게 더 직관적이고 몰입감 있는 디지털 경험을 제공할 전망이다.

◆ 기술이 바꾸는 디지털 사이니지 시장 지형도

디지털 기술의 비약적 발전은 디지털 사이니지 산업의 지형도를 새롭게 그리고 있다. 기존 산업의 한계를 뛰어넘는 다양한 기술적 진보는 시장의 규모와 깊이를 확장하며 이는 산업 전반에 의미 있는 변화를 불러온다.

▣ 기술적 진입장벽 완화와 시장 확대

디스플레이 패널의 제조 기술 고도화와 대량 생산 체계는 제품 가격의 지속적 하락을 이끌었다. 설치 기술의 표준화까지 더해져 초기 도입 비용이 많이 감소했으며 이는 중소기업과 소상공인의 시장 진입을 가능하게 만들었다. 특히 비대면 서비스 수요 증가로 무인 결제 시스템과 디지털 안내 시스템이 유통, 의료, 공공 분야로 빠르게 퍼져나가고 있다.

▣ 기술 융합을 통한 서비스 고도화

메타버스와 AR 기술의 발전으로 디지털 사이니지의 활용 영역이 확장되었다. 패션 매장의 가상 피팅이나 제품 시연 같은 체험형 콘텐츠는 소비자와의 양방향 소통을 가능하게 만들었다. AI 기반 CMS(콘텐츠 관리 시스템)는 소비자 행동 패턴을 분석해 상황에 맞는 최적의 콘텐츠를 제공하며 자동화된 운영 체계는 관리 비용 절감과 광고 효율성 증대라는 실질적 성과를 만들어낸다.

▣ 보안 강화와 시장 신뢰도 향상

블록체인과 첨단 암호화 솔루션의 도입은 시스템 안전성을 한층 강화했다. 데이터 보안에 대한 신뢰도 향상으로 개인정보를 활용한 맞춤형 서비스가 가능해졌으며 이는 인건비 절감과 운영 효율성 향상이라는 경영상의 이점으로 이어진다.

▣ 미래 시장 전망

기술 발전은 디지털 사이니지 시장의 성장 속도를 높이고 있다. 중소기업 시장의 저변 확대와 산업 전반의 디지털화는 새로운 비즈니스 모델을 만들어낼 것으로 전망된다. 여기에 친환경 요소와의 결합은 지속 가능한 성장의 토대가 될 것이다.

2. 생활 속으로 스며드는 디지털 사이니지

디지털 사이니지의 진화는 우리 삶의 방식을 바꾸어가고 있다. AI와 IoT 기술의 결합으로 더욱 똑똑해진 디지털 사이니지는 직관적인 방식으로 사용자와 소통하며 다양한 스마트 기기와 연결되어 새로운 가능성을 열어간다. 이제 디지털 사이니지는 공공장소와 가정에서 우리의 동반자가 되어 더욱 편리한 미래를 그려나갈 것이다.

◈ 스마트 인터랙션의 진화

디지털 사이니지는 AI, 빅데이터, IoT와 결합하며 사용자와의 상호 작용 방식을 바꾸고 있다. AI 기반의 행동 패턴 분석과 IoT 센서를 통한 실시간 데이터 수집으로 직관적인 사용자 경험을 제공한다.

▣ 터치리스 상호 작용

AI 기술은 모션 인식과 음성 제어를 더욱 섬세하게 만든다. 사용자의 작은 손짓이나 일상적인 대화만으로도 즉각적인 반응이 가능해지며 홀로그램 인터페이스는 완전히 새로운 경험을 선사한다. 빅데이터 기반의 음성 인식 기술로 맞춤형 음성 안내와 대화형 서비스가 한층 자연스러워질 전망이다.

▣ 모바일 연계 상호 작용

IoT 기술로 스마트폰과의 연동이 긴밀해지며 개인화된 서비스로 발전한다. 클라우드 시스템을 통해 자동으로 기기 간 연결이 이루어지며 AI는 개인의 취향과 구매 이력을 분석해 맞춤형 서비스를 제공한다. NFC와 비콘 기술은 위치 기반 상품 정보와 실시간 프로모션을 가능하게 하며 소셜 미디어와의 실시간 연결로 브랜드와 고객 간 양방향 소통이 이루어진다. 여기에 AR 기술이 더해져 한층 풍부한 브랜드 경험을 제공할 것이다.

◆ 스마트 기기와 통합되는 디지털 사이니지

미래 디지털 사이니지는 확장성과 연결성을 기반으로 더욱 다채로운 역할을 수행할 것이다. 모바일 기기부터 가전제품, 스마트 센서, 환경 모니터링 시스템까지 연동되어 일상과 실시간으로 소통하는 매개체로 발전할 것이다.

▣ 다양한 디바이스와의 연결

디지털 사이니지는 결제 단말기, 프린터 등 기본적 장치를 시작으로 더 많은 기기와 결합한다. 모바일 결제 시스템의 확산으로 바코드 리더기가 기본 구성이 되었으며 카메라를 통한 사용자 분석으로 맞춤형 정보를 제공한다. 스마트홈 기기와의 연결은 전원 제어와 스케줄링까지 아우르는 통합 관리를 가능하게 할 것이다.

▣ 환경 감지와 건강 관리

최신 센서 기술의 적용으로 디지털 사이니지의 기능이 확장된다. 발열 감지부터 실내 공기질 측정까지 가능해졌으며 미세먼지 농도의 실시간 표시로 쾌적한 환경 조성에 이바지한다. 카메라 센서는 나이와 성별 인식은 물론, 건강 상태까지 파악할 수 있어 환경과 사용자를 아우르는 종합 관리 플랫폼으로 발전할 것이다.

▣ 음성 인터페이스의 진화

AI 기반 음성 기술로 소통 방식이 풍성해진다. 화면 콘텐츠의 음성 설명과 맞춤형 메시지 전달이 가능하며 매장에서는 고객과의 실시간 대화형 응대도 구현될 전망이다. 이러한 청각적 요소는 사용자 경험을 한층 더 풍부하게 만든다.

▣ 유연한 시스템 구성

상황과 필요에 따라 새로운 기능을 자유롭게 추가할 수 있는 유연성이 디지털 사이니지의 특징이 될 것이다. 운영자의 요구사항을 손쉽게 수용하며 특수한 환경에서도 맞춤형 기능 구현이 가능하다. 주차장 결제 시스템과의 통합처럼 이러한 확장성은 활용 영역을 지속적으로 넓혀갈 것이다.

◈ 새로운 일상을 만드는 스마트 사이니지

디지털 사이니지는 공공장소를 넘어 가정으로 영역을 확장할 전망이다. 스마트 미러 형태로 일상에 들어온 디지털 사이니지는 날씨 정보부터 일정 관리, 패션 코디네이션까지 개인 맞춤형 서비스를 제공한다. 얼굴 인식 기술로 가족 구성원을 파악해 각자의 스케줄을 알려주고 실시간 날씨에 맞춘 옷차림을 제안하며 스마트홈 시스템과 연동되어 집안 전체를 제어하는 허브 역할을 수행한다.

▣ 맞춤형 접근성 강화

디지털 사이니지는 모든 사용자를 위한 포용적 설계로 진화한다.

2025년부터 100인 이상 사업장의 키오스크는 장애인 적합성 인증이 필수화된다. 휠체어 접근성 확보, 수화 서비스 제공, 점자 지원, 화면 반전 기능, 이어폰 단자 설치 등 9가지 기준을 충족해야 하며 이러한 기준은 점차 모든 디지털 사이니지로 확대될 예정이다.

▣ 연령별 맞춤 인터페이스

사용자의 연령대에 따라 최적화된 경험을 제공하는 것이 디지털 사이니지의 새로운 방향이다. 시니어를 위한 큰 글자 표시와 직관적인 메뉴 구성, 어린이를 위한 낮은 높이의 화면과 쉬운 조작법 등 연령대별 특성을 고려한 맞춤형 인터페이스가 적용된다.

▣ 스마트 센서로 구현하는 맞춤 서비스

센서 기술의 발전은 더욱 세심한 사용자 경험을 가능하게 한다. 나이와 성별을 감지해 적절한 밝기와 음량을 자동으로 조절하며 사용자의 특성에 맞는 콘텐츠를 선별해 표시한다. 이러한 기술은 모든 사용자가 편안하게 이용할 수 있는 환경을 만든다.

<table>
<tr><td>사례
연구 08</td><td>인스파이어 아레나
초대형 복합 공연 환경을 위한 LED
디스플레이</td></tr>
</table>

- 프로젝트명: 영종도 인스파이어 아레나 LED 디스플레이 설치
- 고객사: 인스파이어
- 기간: 2023년 4월 20일 ~ 2023년 9월 30일
- 장소: 인천 영종도 인스파이어 아레나 내
- 규모: - P2.6 UHD LED 디스플레이 2대(10m×6m)
  - P10 LED 리본형 디스플레이 1대(263m×0.64m)

1. 프로젝트 개요

인천 영종도에 위치한 인스파이어 아레나는 대규모 공연과 스포츠 행사를 위한 국제적 수준의 다목적 공간이다. 본 프로젝트는 이곳에 초대형 LED 디스플레이 시스템을 설치하여 경기 정보, 영상 콘텐츠, 그리고 다양한 이벤트 콘텐츠를 관람객에게 제공하고 몰입감 높은 시각적 경험을 선사하는 것을 목표로 진행되었다.

설치된 디스플레이는 UHD 영상 전시와 끊김 없는 대형 화면 송출을 통해 안정적인 콘텐츠 제공과 운영 효율성을 동시에 달성했다. 특히 공연장 내부에 설치된 초고해상도 LED 디스플레이는 관객들에게 최상의 시청 경험을 제공하며 국제적 수준의 관람 환경을 구현했다.

2. 기술적 도전과 솔루션

■ 리본 디스플레이의 영상 신호 통합 제어

공연장 3층 난간을 따라 설치된 263m 길이의 리본 디스플레이는 전 구간에 걸친 영상 신호의 안정적 전송과 완벽한 동기화가 핵심 과제였다.

- 8개의 다중 컨트롤러를 사용해 긴 디스플레이 구간을 분산 관리하며 영상 지연과 끊김 문제를 방지
- 3층 난간 설치 구조에 적합한 맞춤형 설계로 건축물과 조화를 이루는 설치 환경 조성

■ UHD 디스플레이의 이동성 확보

다양한 행사에 활용될 UHD 디스플레이는 이동과 설치가 용이한

구조 설계가 핵심 과제였다.

• 이동성과 재설치를 고려한 맞춤형 고정 장치 설계
• 다양한 행사와 공연 목적에 따라 쉽게 설치와 분리가 가능한 구조적 개선 작업 수행

■ 콘텐츠 전송 및 관리 효율성 강화

디스플레이 시스템에서 콘텐츠를 원활히 관리하고 배포하기 위해 데이터 전송의 안정성을 확보해야 했다.

• CMS(콘텐츠 관리 시스템)를 활용해 콘텐츠 업로드와 다운로드를 지원하는 중앙 관리 체계 구축
• 고성능 네트워크 및 케이블 연결을 통해 데이터 전송 속도와 안정성을 보장

3. 주요 성과

■ 대형 리본형 디스플레이의 안정적 운영

총 263m 길이의 P10 LED 리본형 디스플레이를 8개의 컨트롤러로 효율적으로 통합 운영하는데 성공했다. 실내 환경에 최적화된 밝기와 선명도를 구현하여 모든 좌석에서 우수한 시야각을 확보했으며 특히 영상 끊김이나 지연 현상 없이 완벽한 동기화를 달성했다.

■ 초고해상도 이벤트용 디스플레이 활용성 극대화

P2.6 UHD 디스플레이는 4K급 60FPS 고화질 영상을 매끄럽게 재생하며 이동식 구조 설계로 다양한 행사 목적에 따라 유연하게 활용할 수 있게 되었다. 공연과 경기 중계는 물론 각종 이벤트에서 몰입감 있는 영상 경험을 제공하고 있다.

■ 효율적인 콘텐츠 관리와 공간 가치 향상

CMS 기반의 중앙화된 콘텐츠 관리 시스템을 구축하여 운영 효율성을 높였다. 또한 최신 디스플레이 시스템 도입으로 공간의 시각적 효과가 크게 개선되어 국제적 수준의 공연장으로서의 위상을 한층 강화했다.

4. 시사점과 향후 과제

본 프로젝트는 대형 공연장에 적합한 LED 디스플레이 시스템을 구축하여 단순히 콘텐츠 송출의 안정성을 확보하는 것을 넘어 공간의 활용 가치를 극대화한 사례로 평가된다. 특히 리본형 디스플레이와 UHD 디스플레이를 결합해 관람객들에게 몰입감 높은 시청 환경을 제공하며 공연장 내외부의 활용성을 확장한 점에서 의미가 크다.

앞으로는 디스플레이 운영의 효율성을 더욱 높이기 위해 AI 기반의 CMS를 도입하고 예측 정비 시스템을 구축하여 유지 보수의 신속성과 안정성을 강화할 필요가 있다. 이를 통해 고품질 콘텐츠를 실시간으로 제공하는 동시에 시스템 운영 비용을 절감할 수 있을 것이다.

또한 관객 데이터를 분석해 맞춤형 콘텐츠를 제공하는 등, 사용자 경험을 한 단계 더 끌어올릴 수 있는 방안도 모색할 예정이다. 이러한 개선을 통해 공연장 미디어 시스템의 선도적 기준을 제시하며 다양한 공간에서 확장 가능한 디스플레이 솔루션의 모범 사례로 자리 잡을 것으로 기대된다.

Chapter 08
해결해야 할 과제들

디지털 사이니지의 발전과 확산은 새로운 도전 과제들을 필연적으로 수반한다. 기술 운영 측면에서는 높은 도입 비용과 보안 위험, 개인정보 보호 문제를 해결해야 하며, 산업 발전을 위해서는 복잡한 규제 환경 정비와 글로벌 시장에서의 경쟁력 확보가 필요하다. 이러한 과제들을 현명하게 극복하는 것이 디지털 사이니지의 지속 가능한 성장을 위한 핵심 열쇠가 될 것이다.

1. 기술 운영의 현실적 과제들

디지털 사이니지의 기술 운영 측면에서는 시스템 구축과 유지 보수, 보안 관리, 개인정보 보호 등 다양한 과제가 대두되고 있다. 이러한 기술적 과제들의 해결 방안을 찾는 것이 디지털 사이니지의 안정적인 확산을 위한 선결 조건이다.

◈ 도입 비용의 현실과 전망

높은 도입 비용은 디지털 사이니지 시장 성장의 가장 큰 걸림돌이다. 작게는 수백만 원부터 크게는 수천만, 수억 원 단위까지 올라가는 도입 비용은 중소기업에 큰 부담으로 작용한다. 더욱이 소프트웨어 라이선스 비용과 전문 운영 인력 인건비까지 고려하면 연간 운영비가 초기 투자 비용의 30% 수준에 달한다.

다행히 디지털 사이니지 기술이 보편화되면서 실용적인 보급형 모델이 등장하고 있다. 이들은 기존 모델의 디스플레이 해상도와 밝기는 유지하면서 터치스크린이나 모션 인식 같은 고급 기능을 제외해 초기 비용을 절반 수준으로 낮췄다. 기술 발전과 대량 생산 체제가 갖춰지면서 보급형 모델의 성능도 빠르게 개선되는 추세다.

향후 기술 발전과 시장 경쟁이 치열해지면서 보급형 모델을 중심으로 가격은 점차 낮아질 것으로 예상된다. 특히 중소기업을 겨냥한 구독형 서비스나 클라우드 기반 관리 시스템 등 비용 효율적인 솔루션이 다양하게 출시되어 더 많은 상업 시설과 공공시설에서 디지털 사이니지 도입이 확대될 전망이다.

◈ 보안 취약성과 대책 방안

네트워크로 연결되어 운영되는 디지털 사이니지는 해킹과 악성코드 공격에 취약하다. 2022년 여수 버스정류장과 2023년 중앙일보의 디지털 사이니지 해킹 사례는 이러한 보안 취약점이 현실적 위험으로 이어질 수 있음을 보여준다.

네트워크 보안이 미흡한 경우 해킹 위험은 더욱 커진다. 취약한 암호 설정이나 보안이 취약한 네트워크 사용은 해커들에게 침투 경로를 제공한다. 이메일 첨부파일이나 USB 드라이브를 통한 악성코드 감염도 위험 요소다. 해킹 피해는 승인되지 않은 콘텐츠 표시나 시스템 마비로 이어질 수 있으며 네트워크로 연결된 모든 디스플레이가 동시에 영향을 받을 수 있다.

다만 이러한 보안 사고는 대부분 프로그램이나 솔루션 자체의 문제가 아닌 운영자의 관리 소홀에서 비롯된다. 이는 네트워크 보안 설정을 제대로 하지 않거나 기본적인 보안 수칙을 지키지 않는 데서 기인한다. 따라서 체계적인 보안 관리와 운영자 교육이 무엇보다 중요하며, 정기적인 보안 점검과 업데이트를 통한 시스템의 안전한 유지가 필수적이다.

디지털 사이니지가 확산할수록 보안의 중요성은 더욱 커질 전망이다. 단순히 콘텐츠 표시를 넘어 결제 시스템과 연동되거나 개인정보를 다루는 경우가 늘어날 것이기 때문이다. 이에 따라 보안 시스템 구축과 관리가 디지털 사이니지 운영의 필수 요소로 자리 잡을 것으로 예상된다.

◆ 맞춤형 서비스와 개인정보 보호

디지털 사이니지가 지능화되면서 개인정보 보호에 대한 우려가 커지고 있다. 카메라를 통한 사용자 분석이나 모바일 기기와의 연동 과정에서 개인정보가 수집되기 때문이다. 맞춤형 서비스를 위해 수집되는 나이, 성별 등의 정보와 구매 이력, 이동 동선 데이터는 개인의 프라이버시를 위협할 수 있다.

다행히 현재 대부분의 디지털 사이니지 시스템은 데이터 저장을 최소화하는 방식으로 운영된다. 수집된 정보는 네트워크를 통해 암호화되어 전송되며 필요한 정보만 추출하여 활용하는 것이 일반적이다. 이러한 보안 체계는 일반적인 CCTV나 결제 시스템의 보안 수준과 비슷하거나 오히려 더 강화된 수준을 유지하고 있다.

기술이 발전할수록 개인정보 보호를 위한 조치는 더욱 강화되어야 한다. 사용자 동의 확보는 물론, 데이터 익명화와 안전한 저장 관리가 필수적이다. 카메라 기술을 활용한 디지털 사이니지가 시장에서 경쟁력을 유지하려면 개인정보 보호에 대한 명확한 기준과 체계적인 관리 방안이 마련되어야 할 것이다.

향후 디지털 사이니지는 더욱 정교한 개인화 서비스를 제공하는 방향으로 발전하게 될 것이다. 이에 따라 개인정보 보호와 맞춤형 서비스 사이의 균형을 찾는 것이 중요한 과제가 될 전망이다. 익명성을 보장하면서도 효과적인 콘텐츠 서비스를 제공할 수 있는 기술적 해법이 요구된다.

2. 산업 발전의 제도적·경쟁적 과제

디지털 사이니지 산업은 시장 확장을 위한 중요한 기로에 서 있다. 국내에서는 복잡한 규제 환경 속에서 새로운 발전 방향을 모색해야 하며, 글로벌 시장에서는 중국의 강력한 가격 경쟁력에 맞서야 하는 상황이다. 이러한 대내외 과제들을 어떻게 극복하느냐가 디지털 사이니지 산업의 미래를 결정할 것이다.

◈ 규제와 진흥 사이: 디지털 사이니지의 법 제도 과제

디지털 사이니지는 현재 옥외광고법, 방송법, 정보통신망법을 비롯해 도시계획법, 건축법, 전기통신사업법 등 9개의 법령이 부분적으로 적용되는 복잡한 규제 환경에 놓여있다. 이러한 법 제도의 분산은 산업 발전을 저해하는 요인이 될 수 있어 체계적인 정비가 필요한 상황이다.

그러나 규제가 항상 부정적인 것만은 아니다. 자율표시허가구역 제도는 규제와 진흥이 조화를 이룬 좋은 사례다. 서울의 COEX, 현대백화점을 시작으로 부산 해운대, 명동 등으로 확대된 이 제도는 디지털 사이니지를 도시의 새로운 문화 콘텐츠로 발전시켰다. COEX의 경우 K-pop 뮤직비디오나 공공 예술 작품을 상영하며 하루 평균 3만 명 이상의 관광객을 끌어모으는 도시의 랜드마크로 자리 잡았다.

특히 해외 사례를 보면 규제의 순기능이 더욱 분명해진다. 뉴욕 타임스퀘어의 경우, 직질한 규제 아래 화려한 디지딜 사이니지가 도시의 상징이자 문화적 자산으로 발전했다. 이는 규제가 단순히 제한이 아닌 산업 발전의 방향을 제시하는 가이드라인 역할을 할 수 있음을 보여준다.

앞으로 디지털 사이니지 산업의 건강한 성장을 위해서는 분산된 법체계를 정비하고 시각적 효과와 도시 환경이 조화를 이루는 통합적 관리 체계가 필요하다.

◆ 글로벌 시장의 도전과 기회

LED 디스플레이 시장에서 중국의 영향력은 압도적이다. 전 세계 시장의 90%를 장악한 중국 제품은 정부의 전폭적인 지원을 등에 업고 가격 경쟁력을 무기로 시장을 잠식해 가고 있다. 특히 중국산 오픈 셀 패널은 기존 패널 대비 매우 저렴한 가격을 제시하며 시장 점유율을 높여가는 중이다. 이러한 중국의 시장 지배력은 최근 대형 상업용 디스플레이 시장으로까지 점차 확대되고 있다.

하지만 이러한 가격 차이는 품질 차이에서 비롯된다. 중국 제품은 패널 후가공과 자재 품질이 상대적으로 미흡하며 운영 시스템의 성능도 차이가 크다. 5년 이상의 장기 운영을 고려할 때 이러한 품질 차이는 결코 무시할 수 없는 요소다. 특히 실외 설치 제품의 경우 내구성과 안정성 면에서 큰 격차를 보이고 있다.

해외 시장 진출에서도 어려움이 있다. 특히 중소형 디지털 사이니지 시장에서는 가격 경쟁이 더욱 치열하다. 한국 제품은 우수한 기술력을 인정받고 있지만, 중국과의 가격 격차가 큰 장벽이 되고 있다. 반면 소프트웨어 솔루션 분야에서는 성과를 내고 있다. 인도, 미국과 경쟁하며 독자적인 영역을 구축한 국내 기업들이 늘어나고 있다.

글로벌 시장 공략을 위해서는 하드웨어와 솔루션을 결합한 통합 관리 시스템 개발이 필요하다. 이는 단순한 기능 통합을 넘어 운영 효율성과 유지 보수의 편의성을 높이는 방향으로 이뤄져야 한다. 또한 각 지역의 전력 규격, 통신 규제, 문화적 특성을 고려한 현지화 전략도 중요하다. 현지 파트너와의 협력을 통해 지역별 요구사항에 맞춘 유연한 대응이 디지털 사이니지의 글로벌 경쟁력을 높이는 핵심이 될 것이다.

사례 연구 09	DDP 쇼룸 곡면 디스플레이로 구현한 몰입형 미디어월

- **프로젝트명:** DDP 쇼룸(디자인랩 1층) 전시 공간 조성을 위한 LED 디스플레이 구축
- **고객사:** (재)서울경제진흥원
- **기간:** 2024년 2월 29일 ~ 2024년 4월 20일
- **장소:** DDP 디자인랩 1층 쇼룸
- **규모:** - P2.5 LED 전광판 4대 (5.28m×2.4m 2대, 9.12m×2.4m, 5.76m×2.84m 각 1대)
  - P2.5 LED 원기둥 전광판1대(4.4m×9.84m)

1. 프로젝트 개요

DDP 쇼룸은 디지털 기술과 공간 디자인을 결합하여 방문객들에게 새로운 시각적 경험을 선사할 대형 곡면 LED 디스플레이를 도입했다. 이 프로젝트는 곡면 구조물과 고성능 디스플레이를 활용해 쇼룸을 몰입형 미디어 아트 허브로 탈바꿈시키는 것을 목표로 삼았다.

2.5㎜ 픽셀 피치와 600nit 밝기의 LED 모듈은 곡면 구조물의 특성에 맞춰 정밀 설계되었다. 베젤(테두리)이 없는 매끄러운 화면 설계는 콘텐츠의 생동감을 극대화하며 쇼룸의 개성을 부각하는 데 중요한 역할을 했다.

2. 기술적 도전과 솔루션

■ 곡면 디스플레이 설치

DDP 쇼룸의 독특한 곡면 구조물에 디스플레이를 설치하는 작업은 고도의 기술력과 정밀한 시공이 요구되는 도전 과제였다.

• 곡면 구조물의 곡률에 맞춘 LED 모듈을 맞춤 설계하여 화면 왜곡을 최소화
• 특수 제작된 마그네틱 브라켓을 활용해 모듈 간 이음새를 최소화하여 정밀 시공
• 구조 안전성 확보를 위한 이중 지지대 시스템 적용으로 장기 운영 안정성 강화

■ CMS 개발 및 적용

대규모 곡면 디스플레이의 효율적 운영을 위해 맞춤형 CMS 개발이 필수적이었으며, 사용자 편의성과 시스템 안정성을 모두 고려해야 했다.

• 중앙 통합 관리 시스템으로 5대의 대형 디스플레이를 단일 인터페이스에서 제어
• 영상의 끊김 없는 재생을 위한 고성능 데이터 전송 시스템 구축
• 직관적 UI/UX 설계로 운영자의 콘텐츠 관리 편의성 극대화

■ 공정 관리 및 협업 체계

복잡한 다중 공정이 동시에 진행되는 환경에서 완벽한 프로젝트 수행을 위해 체계적인 공정 관리가 중요했다.

• 인테리어, 전기, 통신 등 협력업체와 일일 공정 회의를 통한 작업 조율
• 단계별 품질 검수 프로세스 도입으로 완성도 높은 시공 실현

3. 주요 성과

■ 몰입감 넘치는 곡면 디스플레이 구현

P2.5의 LED 465대를 곡면 구조물에 완벽하게 통합하여 압도적인 시각적 경험을 구현했다. 특히 베젤리스 설계로 이음새 없는 매끄러운 화면을 실현했으며 600nit의 최적화된 밝기와 정교한 색 보정으로 실내 환경에서 최상의 화질을 제공한다.

■ 공간 디자인과의 완벽한 조화

곡면이 이어지는 구조적 제약을 디자인 요소로 승화시켜 쇼룸의 정체성을 한층 강화했다. 곡면 디스플레이는 단순한 영상 재생을 넘어 공간 전체를 아우르는 미디어 아트 캔버스로 기능하며 피아노 라운지와의 자연스러운 연계로 독특한 공간 경험을 창출한다.

■ 스마트 운영 시스템 구축

직관적인 UI의 맞춤형 CMS로 복잡한 곡면 디스플레이 운영을 단순화했다. 4K 해상도의 콘텐츠를 완벽하게 지원하는 데이터 처리 시스템과 실시간 모니터링 기능으로 안정적인 운영이 가능해졌으며 유지 보수의 효율성도 크게 향상했다.

4. 시사점과 향후 과제

이 프로젝트는 곡면 구조물을 활용한 대형 디스플레이 설치의 기술적 가능성을 보여주는 대표적인 사례다. 곡면 구조와 고해상도 디스플레이의 융합은 디지털 기술이 공간 디자인에 미치는 영향을 극대화했으며 이를 통해 쇼룸은 단순한 전시 공간을 넘어 방문객들에게 몰입형 경험을 제공하는 공간으로 자리 잡았다.

이 프로젝트와 관련하여 앞으로는 곡면 디스플레이와 같은 특수 설계 환경에서 유지 보수 체계를 확립하는 것이 필요하다. 특히 복잡한 구조물에서 디스플레이의 수명과 안정성을 높이는 기술적 접근이 중요하다. 또한 쇼룸과 같은 공간에서 몰입형 콘텐츠 제작을 뒷받침하는 맞춤형 소프트웨어 개발도 더 활발히 이루어질 필요가 있다.

마치며

이 책의 집필 과정은 디지털 사이니지 산업에서 걸어온 지난 11년에 걸친 ㈜시스메이트의 여정을 되돌아보는 시간이었습니다. 이 분야에 처음 발을 들였을 때는 참고할 만한 자료도, 따라갈 만한 선례도 찾기 어려웠습니다. 매 순간이 새로운 도전과 배움의 연속이었고 실패와 좌절도 있었지만, 열정 넘치는 동료들과 함께하며 한 걸음씩 나아갔습니다. 그 결과 국내 디지털 사이니지 시장에서 의미 있는 성과를 이루며 업계를 선도하는 중소 업체로 자리매김할 수 있었습니다.

그동안 쌓아온 지식과 노하우를 하나하나 모아 이 한 권의 책에 담았습니다. 기술의 발전과 실무적 활용 방안을 체계적으로 정리하고 디지털 사이니지의 현재와 미래를 조망하고자 했습니다. 특히 이 분야에 첫발을 내딛는 분들에게 이정표가 되고, 급변하는 기술 환경 속에서 실무자들의 의사결정에도 실질적인 도움이 되기를 바랍니다.

다만 회사가 처음 펴내는 디지털 사이니지 전문서적인 만큼, 너무 많은 내용을 담으려 했던 것은 아닌가 하는 아쉬움도 남습니다. 디지털 사이니지의 다양한 측면을 다루려다 보니 어떤 부분에서는 깊이가 충분하지 못했을 수 있고, 공급업체의 관점에서 바라본 시각적 한계도 있었을 것입니다.

지난 10여 년간 디지털 사이니지는 단순한 전자 게시판에서 AI, 빅데이터, IoT가 결합한 스마트 미디어로 진화했습니다. 여기에 5G, 메타버스와 같은 첨단 기술이 융합되면서 이제는 비즈니스와 사회를 혁신하는 핵심 플랫폼으로 자리 잡았습니다. 이 분야에 뛰어드는 많은 분의 열정과 창의력이 디지털 사이니지의 새로운 장을 열어가리라 믿습니다.

앞으로도 기술과 창의력이 만들어낼 혁신은 계속될 것이며, 국내외에서 수많은 기업과 전문가들이 이 시장에 뛰어들며 더욱 풍부한 가능성을 만들어갈 것입니다. 디지털 사이니지는 단순한 기술 혁신을 넘어 더 나은 환경과 사용자 경험을 창출하는 데 기여할 것입니다.

부족한 부분이 있다면 열정과 미숙함으로 이해해 주시길 부탁드립니다. 이 책을 출발점 삼아 앞으로 더 깊이 있는 연구와 실용적인 내용을 전달할 기회를 만들어가겠습니다. 또한 동시대를 살아가는 사람들의 삶이 디지털 사이니지로 편리해지고 윤택해지도록 ㈜시스메이트가 앞장서겠습니다.

감사합니다.

2024. 12
㈜시스메이트 임직원 일동